한국유아교육학회
유 아 교 육
디딤돌시리즈
1

놀이하는 유아

호모 루덴스를 향하여

임수진 김윤희 박형신 이승하 장경은 탁정화 지음

양서원

「유아교육 디딤돌 시리즈」를 출간하며

사단법인 한국유아교육학회는 1975년 우리나라 유아교육분야에서 최초로 창립된 학회로 유아교육학의 학문적 연구와 현장교육의 발전을 위해 중요한 역할을 수행하고 있습니다. 한국유아교육학회는 창립 이후 지금까지 정기적인 국내외 학술대회 개최와 국내 및 국제학회지 발간을 통해 회원들 간의 학술적 교류와 소통에 힘쓰고 있습니다. 연구물로는 1995년부터 5년 단위로 '유아교육백서'를 발간해 왔으며, 1996년에는 유아교육학 분야 용어의 학술적 정의를 규정하는 '유아교육 용어사전'을 발간한 바 있습니다. 특히 한국유아교육학회가 그동안 지속적으로 발간해왔던 '유아교육백서'는 우리나라 유아교육분야의 기초 동향은 물론 교육과정과 교사교육, 유아교육재정과 행정, 법률 등의 내용과 그 의미를 분석함으로써 유아교육학 분야의 연구를 위한 중요한 자료가 될 뿐 아니라 정책수립의 기초가 되었습니다. 그러나 최근에는 유아교육학 분야와 관련된 통계나 기초자료에 대한 데이터베이스의 구축으로 인해 그동안 저희 학회가 발간해 왔던 유아교육백서의 내용과 형식에도 변화가 필요하게 되었습니다.

이에 한국유아교육학회는 그동안 출판해왔던 '유아교육백서'의 내용을 변화시켜 유아교육학 분야에서 중요한 개념이나 현상 또는 과제와 관련된 학문적 탐구를 심화시키면서도 현장 실제와의 연계방안을 제시하고자 합니다. 또한 그간 다양한 주제를 하나의 단행본에 담았던 형식을 바꾸어 주제별로 심화된 전문서적인 '유아교육 디딤돌 시리즈'로 출판하고자 합니다. 유아교육학의 기초가 되는 주요 개념이나 용어에 대한 기본적이면서도 학술적인 탐색이므로 이 서적의 내용이 바로 유아교육학 이해의 기초가 되며, 디딤돌이 된다는 의미에서 '유아교육 디딤돌 시리즈'로 이름 짓게 되었습니다. 앞으로 한국유아교육학회에서 유아교육 디딤돌 시리즈로 출판하고자 하는 주제는 수없이 많습니다. 놀이, 부모, 교육과정, 기질, 상호작용, 자기조절, 민감성, 문제행동, 교사, 유아중심, 우리 전통문화 등과 같은 주제는 우리 학문분야에서 중요하고 익숙하면서도 정리가 필요한 개념이기도 하고, 현장 교육 실제와의 연계가 필요한 것이기도 합니다.

이러한 작업의 시작으로 한국유아교육학회에서는 '놀이하는 유아-호모 루덴스를 향하여'를 출판하게 되었습니다. 이 책의 저자들은 유아기 놀이의 의미에서부터 놀이가 유아의 사회성과 창의성 발달에 미치는 영향은 물론, 학습의 과정으로서 유아기 놀이의 가치와 접근방식을 제시해주고 있습니다. 이 책의 집필을 위해 지난 한 해 동안 임수진 교수와 함께 작업한 연구자들이 많은 수고를 해 주었습니다. 주제에 대한 토론이나 내용 구성은 물론, 초고를 작성한 후 추계학술대회에서

원고를 발표하여 학회 회원의 의견을 수렴하는 과정도 거쳤습니다.

이번에 첫 디딤돌 시리즈를 기획하면서 저자들은 물론 한국유아교육학회 회원 여러분들의 많은 제안과 격려가 있었습니다. 이후에도 학회에서는 학회 회원 여러분들에게 과제 공모절차를 통해 계속해서 많은 주제를 발굴하고 논의를 심화시켜 '유아교육 디딤돌 시리즈'를 지속적으로 출판할 것입니다.

이번 책의 출판 과정이 어렵고 힘들었던 만큼 유아교육학 분야의 연구자와 후학들에게 많은 도움을 줄 수 있을 것으로 기대합니다. 대학이나 대학원에서 공부하는 후학들에게는 물론 많은 연구자나 현장 전문가들에게도 도움을 줄 것으로 기대합니다. 마지막으로 이 책 시리즈를 기획하는 과정에서 노고를 아끼지 않았던 사단법인 한국유아교육학회 임원들, 특히 기획부 임원들의 노고에 감사드립니다. 아울러 한국유아교육학회의 연구물 발행을 위해 모든 노력을 아끼지 않고 도움을 주신 박철용 회장님과 양서원에도 감사드립니다.

2019년 봄
21대 사단법인 한국유아교육학회
회장 정 미 라

차 례

맺는말

CHAPTER 3

놀이와 창조성: 놀이 속 물리적 세계와 상상의 연결

CHAPTER 4

놀이와 몰입: 배움의 통로

이 책에 담긴 내용은 〈한국유아교육학회 2018 추계정기학술대회〉에서 발표하였으며, 1장 외에 각 장들은 2019년 〈유아교육연구〉 특별호에 게재 확정된 논문을 수정, 보완하여 재구성한 것임을 밝힌다.

머리말

누구나 어린 시절에 놀이를 즐겨 했고, 성인이 된 이후에도 우리는 여전히 놀이하기를 좋아한다. 놀이가 지니는 보편성은 여기에서 출발한다. 놀이는 여러 시대, 사회, 계층을 포괄하는 보편적인 것으로 받아들여져 왔으며 각자가 처한 삶의 지형에 따라 그 의미와 형태가 다양하게 변형되어 왔다. 특히 유아교육분야에서는 시대를 관통하여 유아교육의 본질로 이해되어 왔다. 최근 들어 교육과정 안에서의 놀이에 대한 논의가 다시금 활발히 이루어지는 가운데 '놀이', '유아 중심의 놀이' 등의 의미에 대해 되묻고자 하는 여러 노력도 있다. 따라서 이 책은 우리가 그동안 당연하게 받아들여 온 '유아교육에서의 놀이가 어떤 의미'였고, '오늘날 놀이는 어떤 의미여야 하는지'에 대한 공통된 고민에서 출발하였다.

우리가 알고 있는 놀이에 대한 '익숙한' 이야기

유아교육에서 놀이는 '지속적으로', 그리고 '가장 중요하게' 언급되며, 예비 교사교육과정에서 놀이는 '즐겁고, 자발적이며, 자유롭고, 목적지향적이다.'와 같은 속성을 가진 것으로 가르쳐져 왔다. 이러한 정의는 여전히 유아교육분야에서 놀이를 이해하고 교육적 판단을 내리는 데에 큰 영향력을 발휘한다. 그러나 한편으로는 이러한 정의에 너무 익숙해진 나머지 놀이의 개념이 어떻게 생성되었고, 상황에 따라 어떻게 다르게 인식되고 적용되어 왔으며, 유아와 교사의 삶에서 어떤 의미인지에 대해 충분히 논의하지 않은 채 받아들인 측면도 있다. 따라서 경험과 상황, 인식론적 관점에 따라 상당한 차이를 두고 변주되어 온 '놀이'를 두고 명료한 합의에 이르는 길은 멀고 고단해 보인다.

이 책을 시작하며, 유아교육에서 놀이를 어떻게 인식하고 있는지 알아보기 위해 1998년부터 2018년 8월까지 '놀이'를 주제로 발표된 유아교육분야의 학술논문 406편의 핵심어를 네트워크 분석방법에 기초하여 분석해 보았다. 네트워크 분석방법은 단어와 단어 사이의 관계에 기초를 두고 분석이 이루어지므로 이를 통하면 특정 네트워크 안에서의 단어의 속성과 관계성을 파악하는 데 도움이 된다. 사회적 관계를 살펴보는 데 주로 사용되어 왔지만, 최근에는 단어 사이의 의미관계를 드러내는 데에도 사용되는 사회과학의 연구방법이다.

아래는 '놀이'를 주제로 발표된 연구의 핵심어를 수집하여 핵심어들 사이의 관계를 네트워크 분석방법으로 도출하고, 그 결과를 시각적으로 나타낸 **단어 구름**이다. 어떤 핵심어(혹은 요인: 이하 핵심어)가 가장 눈에 띄는가? 물론 중앙에 크게 제시된 '놀이'라는 핵심어일 것이다. '놀이'를 중심으로 유아, 영아, 유아교사와 같은 놀이 관련 여러 주체들이 보인다. 작은 크기이지만 부모, 아버지, 어머니라는 핵심어도 각기 다른 위치에 표시되어 있다. 영유아를 제외하면 단연코 유아교사가 눈에 띈다. 유아교사만큼 우리의 눈을 사로잡는 것은 상호작용, 놀이성, 또래놀이, 실외놀이와 같은 핵심어들이다. 이들 단어의 크기와 위치는 유아교육자들이 실행해 온 연구들에서 어떤 의미를 표상한다. 이들 사이의 관계를 더 구체적으로 알아보기 위해 표를 제시하여 설명하고자 한다.

표 1 은 '중심성'이라는 개념에 기초하여 놀이에 대한 연구자들의 주요 관심사를 도출한 결과이다. 중심성은 한 핵심어가 전체 단어 구조에서 중심에 위치하는 정도를 표현하는 지표로 전체 네트워크에서의 영향력을 보여준다.[1] 즉 중심에 놓여 있고, 연결이 많이 되어 있으며, 주요 단어들과 가까이에 있는 것이 중심성이 높은 것이라고 할 수 있다. 표를 살펴보면, 등장하는 빈도수가 높은 주요 핵심어는 '유아교사', '놀이성', '상호작용', '또래놀이', '유아교육기관', '행동'이다. 즉 단어 구름에서 크게 표시되었던 이 핵심어들은 유아교육분야에서 이루어진 '놀이' 주제의 논문에서 가장 자주 탐색해온 요인이라고 할 수 있다.

조금 낯선 개념이지만, 연결정도 중심성*, 매개 중심성**, 근접 중심성***과 같은 개념을 차용하면 핵심어들 사이의 관계와 영향력이 조금 더 드러난다.

* 연결정도 중심성: 핵심어들이 서로 연결되어 있는 네트워크에서 얼마나 많이 연결되어 있는지를 나타낸다.

** 매개 중심성: 한 핵심어가 다른 핵심어들과의 관계에서 중개자 혹은 다리 역할을 어느 정도 하고 있는지를 보여준다.

*** 근접 중심성: 다른 핵심어들과 얼마나 가까이 연결되어 있는지를 보여준다.

표 1 핵심어 빈도 분석 및 중심성 분석결과

핵심어	빈도	연결정도 중심성		매개 중심성		근접 중심성	
		%	순위	%	순위	%	순위
유아교사	61	109.000	1	87.762	1	80.556	1
놀이성	49	61.000	3	43.685	2	72.500	2
상호작용	47	95.000	2	21.098	5	67.442	3
실외놀이	39	13.000	16	6.133	12	56.863	9
또래놀이	27	59.000	4	7.730	10	64.444	4
유아교육기관	25	36.000	6	21.786	3	64.444	4
행동	25	39.000	5	21.308	4	67.442	3
전통놀이	21	17.000	14	4.909	15	55.769	10
자유놀이	20	13.000	16	9.937	9	55.769	10
극놀이	17	8.000	20	0.229	28	48.333	15
마음이론	16	14.000	15	7.328	11	54.717	11
기질	14	25.000	7	3.213	17	58.000	8
부모	14	20.000	11	5.618	14	59.184	7
어머니	14	20.000	12	6.099	13	60.417	6
정서지능	14	10.000	18	1.889	24	50.877	13
창의성	14	14.000	15	17.975	7	60.417	6
가장놀이	14	13.000	16	3.006	18	53.704	12
사회적 유능감	13	18.000	13	21.084	6	63.043	5
아버지	13	18.000	13	0.167	29	50.000	14
프로그램	13	12.000	17	2.429	21	53.704	12
교육과정	12	9.000	19	0.309	27	50.000	14
인식	11	18.000	13	13.788	8	59.184	7
자유선택활동	11	5.000	22	1.533	25	47.541	16
거친신체놀이	11	6.000	21	1.089	26	53.704	12
교수효능감	10	20.000	10	4.316	16	58.000	8
놀잇감	10	10.000	18	2.452	20	55.769	10
역할놀이	10	4.000	23	2.079	22	50.000	14
유형	10	10.000	18	3.002	19	56.863	9
적응	10	23.000	8	0.000	30	55.769	10
관계	9	21.000	9	2.047	23	59.184	7

유아교사, 상호작용, 놀이성, 또래놀이, 행동, 유아교육기관

표 1 에서 **연결정도 중심성**이 높은 핵심어는 유아교사, 상호작용, 놀이성, 또래놀이, 행동, 유아교육기관으로, 406편의 연구를 통틀어 활발하게 사용된 요인이었음을 의미한다. 이는 유아를 대상으로 하는 놀이연구에서는 유아교사, 유아교육기관과 같이 교육기관을 중심으로 연구가 이루어졌음을 보여주는 결과이며, 동시에 상호작용이나 놀이성, 행동, 또래놀이같이 놀이를 드러내는 어떤 지표나 특성에 관심을 두고 연구가 실행되었음을 보여준다. 다시 말하면, 이와 같은 핵심어들이 유아교육연구자들이 주로 관심을 갖고 연구해온 주제라고 말할 수 있다.

유아교사, 놀이성, 유아교육기관, 행동, 상호작용, 사회적 유능감

매개 중심성이 높은 핵심어는 유아교사, 놀이성, 유아교육기관, 행동, 상호작용, 사회적 유능감이었다. 매개 중심성은 한 핵심어와 다른 핵심어들 사이를 매개해주는 역할을 하는 것을 의미하므로, 연구자들이 이와 같은 핵심어가 놀이와 관련된 여러 요인들과 연관성이 높다고 인식하는 것으로 해석할 수 있다. 이러한 의미에서 볼 때 빈도와 연결정도 중심성이 비교적 낮은 데 비해 매개 중심성이 높게 나타난 사회적 유능감은 놀이 관련 연구들의 독특한 특성을 나타낸 핵심어로 볼 수 있다. 직접적으로 다른 요인들과 연결되어 연구되기보다는 다른 요인들을 연결시키는 주요 핵심어로 다루어져 왔음을 보여주기 때문이다.

유아교사, 놀이성, 상호작용, 또래놀이, 유아교육기관, 사회적 유능감

근접 중심성이 높게 나타난 핵심어는 유아교사, 놀이성, 상호작용, 또래놀이, 유아교육기관, 사회적 유능감, 그리고 어머니였다. 근접 중심성이 핵심어와 핵심어 간의 거리를 의미하므로 이들 단어가 전체 구조 안에서 다른 핵심어들과 가장 가까이에 위치하며 근거리에서 영향력을 갖는다고 볼 수 있다. 근접 중심성이 높은 핵심어는 여러 핵심어들에게 다가가기에 좋은 위치를 차지하고 있기 때문에 대체로 네트워크 중앙에 위치하게 된다(단어 구름 참조). 또한 네트워크의 중앙에서 정보 등이 오가는 중심점이 되므로 이 핵심어를 중심으로 논의된 내용들이 다른 요인과 밀접하게 연결되어 논의되어 왔음을 유추할 수 있다.

분석결과를 시각화한 자료(전체 구조와 중앙확대구조)를 보면 '유아교사'가 가장 활발하게 연결되고(연결선이 굵고 진하다), 가장 영향력이 있으며(여러 핵심어들이 직접 · 간접으로 연결되어 있다), 핵심 단어들에서 가장 가까이에 있음을 알 수 있다. 당연한 결과일까? 이는 유아교육분야에서의 놀이가 '유아교사'와 '상호작용'을 핵심적인 요소로 하여 교육적인 접근을 중심에 두고 연구되어 왔음을 확인해주는 것이다. 그림을 자세히 보면 신체적 자발성, 인지적 자발성, 사회적 자발성, 즐거움의 표현, 유머[2]와 같이 놀이의 특성을 가시화하는 '놀이성'과 '상호작용', '유아교사'가 삼각형의 연결 구조를 보여준다. 이는 같은 범주 안에서 연구가 이루어져 왔음을 나타내는 결과로 볼 수 있다. 또한 '놀이성–행동–상호작

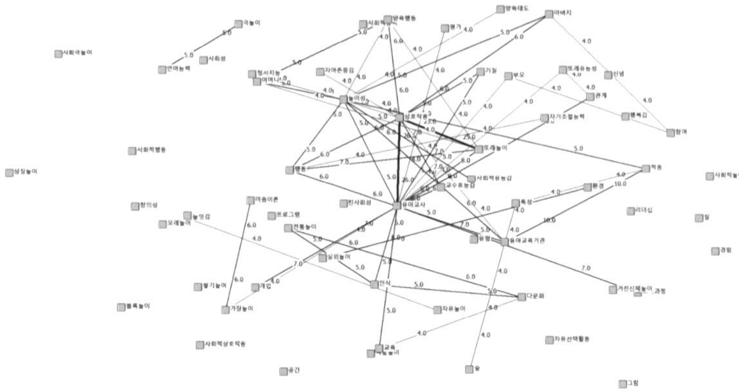

전체 출현 빈도 5 이상인 키워드를 이용하여 네트워크를 시각화(연결강도 3 이상)한 결과

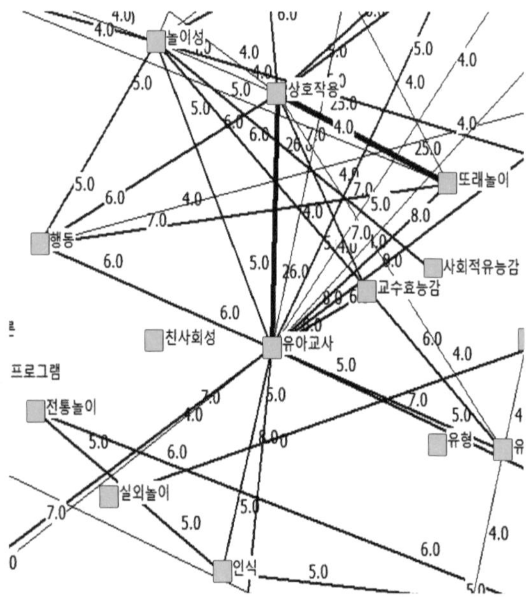

네트워크 중앙을 확대한 구조(연결강도 3 이상)

용', '상호작용－행동－또래놀이', '상호작용－유아교사－또래놀이' 역시 유사한 구조를 나타내고 있어 서로 관련성을 가지고 연구되어 왔음을 유추하게 한다. 유아의 행동, 또래놀이에 대한 관심 역시 유아교육에서 지속적으로 이루어져 온 연구주제임을 보여준다.

이와 같은 결과에서 어떤 의미를 발견할 수 있을까? 아마도 놀이에 참여하는 사람인 '유아'와 유아의 '행동'을 중심으로 하여, 관계를 맺고 있는 사람(유아교사, 또래), 맥락(유아교육기관)이 놀이연구에서 중요하게 다루어져 왔다는 점일 것이다. 이는 적어도 유아교육분야에서는 "어떻게 하면 유아가 '놀이'하도록 할 수 있을 것인가?"에 관심을 두어 왔고, 교육적 관심이 놀이연구의 경향이었음을 말해준다. 다시 말하면, 지난 20여 년에 걸쳐 이루어진 유아교육에서의 놀이연구는 놀이 주체인 유아가, "교육이라는 장(場) 안에서 놀도록 한다는 것은 무엇일까?"에 대한 의문에서 이루어져 왔음을 의미한다고 할 수 있을 것이다.

놀이에 대한 서로 다른 생각

하나. 어떤 행동이 놀이이고, 어떤 놀이가 교육적으로 의미 있는가?

지난 20여 년간 유아교육분야에서 이루어진 연구들과 마찬가지로 심리학과 교육학분야에서는 주로 놀이의 교육적 기능에 관심을 두고 연구가 이루어졌다. 대표적으로 피아제(Jean Piaget)는 놀이가 유아가 성장하며 새롭게 획득한 인지를 연습하고 강화한다고 주장하였고, 프로이트(Sigmund Freud)는 놀이가 정서적인 치유에 효과가 있다고 하였다. 루빈(Kenneth H. Rubin), 페인(Greta G. Fein), 반덴버그(Brian Vandenberg)의 연구, 그리고 가비(Catherine Garvey)의 연구에서는 놀이의 특징을 다음과 같이 정의한다.[3] (1) 비실제성 (2) 내적동기화 (3) 과정지향성 (4) 자유-선택 (5) 긍정적 정서이다. 이들은 공통적으로 관찰 가능한 행동과 그 행동을 유발하는 배경을 기초로 연구를 제시하고 있다.

놀이를 일과 놀이로 구분하여 놀이 개념을 구체화하고자 한 대표적인 연구자 중의 하나인 킹(Nancy R. King)은 유아기와 초등학교 시기의 아동이 받아들이는 놀이와 일의 범주에 차이가 있음을 보여주어 놀이를 유형화하는 시도에서 한 걸음 더 나아간 것으로 보인다.[4][5][6] 그의 연구에 의하면 유치원 아동은 모든 자발적인 활동을 놀이, 타인에 의해 요구되는 모든 활동을 일이라고 응답하였다. 이에 비해 초등학교 아동은 '즐거움'이 놀이의 중요한 준거였다. 자발적인 활동이든 타인에 의해 요구되는 활동이든 초등학교 아동들은 즐거움의 요소가 있을 때 놀이라고 여기는 반면 일은 어렵거나 하고 싶지 않은 활동으로 정의하였다. 즉 연령이나 경험의 차이에 따라 놀이를 받아들이는 준거(사회적인 부가 VS 심리적인 작동)가 다를 수 있음이 제시된 것이다.

놀이의 심리적 · 행동적 특성을 제시하는 데 초점을 두고, 놀이행동을 분류할 수 있는 준거를 탐색한 연구들은 놀이의 교육적 가치를 제시하고, 교육적 환경에서의 바람직한 놀이행동을 제안함으로써 놀이가 유아교육과정 안에서 핵심적인 개념이 되는 데 기여했다. 그러나 여전히 놀이가 무엇인지, 유아들에게 가장 바람직한 놀이가 무엇인지는 분명하지 않다. 오히려 놀이의 다양성, 놀이 인식의 차이를 보여준다. 놀이에는 사회학적 · 심리학적 · 발달적 이론 외에도 놀이와 행동에 대한 환경의 영향을 조사하는 생태학적 접근까지 포함되므로 이를 규명하는 것은 쉬운 일이 아니기 때문이다.[7] 또한 놀이하는 사람과 문화적 환경, 시간과 공간의 특성에 따라 같은 놀이라도 다양한 양상으로 나타나는 놀이의 성격으로 인해 일정한 틀에 따라 놀이를 개념화하는 것은 쉽지 않다.[8][9] 이제 인류의 역사 안에서 '놀이가 무엇인가?'를 탐구해온 연구들은 어떤 측면에서 놀이를 바라보고 이야기하는지 잠시 살펴보자.

둘. 놀이의 본질은 무엇인가?

놀이가 무엇인지를 규명하려고 한 연구들은 주로 사회문화사적 관점에서 이루어졌다. 그 중 가장 대표적으로 거론되는 것은 네덜란드의 역사학자 하위징아(Johan Huizinga)에 의한 연구이다. 그는 『호모 루덴스(Homo Ludens)』라는 책에서 인간은 '생각하는 인간'인 '호모 사피엔스(Homo sapiens)'이며 동시에 '놀이하는 인간'인 '호모 루덴스'라고 하며[10] 인간에게 놀이는 근원적인 삶의 충동이라고 하였다. 또한 놀이의 본질을 '자유(freedom)', '일탈(not ordinary or real)', '격리(secludedness or limitedness)'로 두고 인간 문명이 전개되는 토대로 놀이를 제시함으로써 놀이가 인간 삶의 근원임을 이야기한다. 그는 놀이와 문명과의 관계에서 문명을 창조하는 놀이의 '생산적' 기능, 즉 놀이의 사회적 효용성을 강조한다. 다음은 그가 한 이야기이다.

> "놀이는 문화보다 오래된 것이다."[11] (29쪽)

> "놀이를 동물이나 어린아이의 생활에 나타나는 행위로 보는 것이 아니라 문화의 기능으로 인식할 때 비로소 생물학과 심리학의 경계로부터 벗어나게 된다. 우리는 세계 어디에서나 놀이가 '일상'생활과는 구분되는 잘 정의된 특징을 가진 행위로 정립되어 있음을 발견한다."[12] (35쪽)

> "놀이는 일단 시작되면 적절한 순간에 종료된다. 그런데 놀이는 시간의 제약과 관련하여 더욱 기이한 특징을 갖고 있다. 어느 정도 시간이 경과하면 놀이는 문화현상이라는 고정된 형태를 취하는 것이다. 일단 놀아 버리면, 놀이는 정신이 새로 발견한 창조물, 기억에 보유되는 보물로서 유지된다. 그것은 뒤로 물려져 전통이 된다."[13] (45쪽)

한편 프랑스의 유명한 놀이연구학자인 카이와(Roger Caillois) 역시 문화사적인 맥락을 통해 놀이에 대해 접근한다. 다만 그는 인류 안에서 재생 · 변형되어 온 놀이를 특성에 따라 분류하고, 각 놀이의 사회적 기능에서의 '차이점'에 강조점을 두고 이야기를 전개하고 있다.[14] 특히 놀이를 '경쟁', '우연', '모의', '현기증'이라는 특성에 따라 네 개로 분류하고, 각각 아곤(Agon: 그리어로 시합, 경기), 알레아(Alea: 라틴어로 요행, 우연), 미미크리(Mimicry: 영어로 흉내, 모방), 일링크스(Ilinx: 그리스어로 소용돌이)로 이름을 붙였다.[15]* 그는 놀이가 실제로 행해지는 문화에 의존하고 있음을 주장하고, 놀이는 문화의 구성요소이며 문화의 이미지이므로 한 문명 내부의 한 시기는 '인기 있는 놀이'를 통해 특징지어질 수 있다고 지적하였다. 이를 테면 오늘날 우리 사회에서 인기 있는 놀이가 무엇인지 떠올린다면, 우리 사회의 핵심적인 문화적 특성이 어디에 있는지 규명할 수 있다는 것이다.

하위징아나 카이와와 같이 인류의 문화적 측면에서 놀이에 대해 연구한 이들은 공통적으로 놀이를 일상의 삶 혹은 현실 세계와 분리되어 있는 '별도의 활동'이라고 규정한다. 그러나 동시에 놀이가 인간에게 주는 '어떤 것'을 추구하는 것이 인간의 원초적이고 강력한 본능이며 이러한 본능에 대응하는 것이 바로 놀이임을 주장하여 본질적으로 놀이는 인간 삶, 혹은 문명과 동일하다는 견해를 제시하고 있는 것으로 보인다.

---

* 카이와의 놀이의 특성은 본서의 2장 참조

이 책의 목표

간략하게나마 살펴본 놀이에 대한 두 가지 갈래의 연구들은 느린 듯 보이지만 쉬지 않고 각자의 길을 충실하게 가고 있다. 놀이의 본질을 탐구하는 연구들, 그리고 교육 안에서의 놀이의 방향성을 찾고자 하는 연구들은 모두 공식처럼 사용하는 용어가 있었고, 그 덕분에 독자로서의 우리는 핵심적인 논제에 대해 빠르게 접근할 수 있었다. 동시에 뚜렷하게 드러난 형상 혹은 관습적으로 사용되어온 용어, 이야기들에 관심을 집중하게 되면서 이면의 모습을 놓치게 될 수도 있다는 생각도 들었다. 따라서 이 책은 유아교육에서 일반적으로 언급되어 온, 그리고 믿어 온 놀이에 대한 여러 개념이 우리의 교육적 판단과 적용에 영향을 끼치고 있다는 점에서 출발하여 여러 연구들에서 제기하는 놀이와 관련된 이야기들을 되짚어 보고자 하였다. 그 시작은 '놀이가 무엇인가.'에 대한 탐색이다. '놀이'가 유아에게 있어 '진짜 놀이가 되도록' 하기 위해서는 놀이가 무엇인지에 대해 성찰하는 작업이 선행되어야 한다고 보기 때문이다. 그리고 '놀이가 교육적으로 가치 있다.'는 것이 무엇을 의미하는지에 대해 깊이 고민해보고자 하였다.

이러한 목적에 따라 놀이에 대한 담론들과 유아교육에서 주로 연구되는 주제, 그리고 이 책에 저자로 참여한 연구자들의 관심사에 기초하여 놀이에 대한 주제를 네 가지로 설정하였다. 각각은 놀이와 자유, 놀이와 사회성, 놀이와 창조성, 놀이와 몰입이다.

놀이와 자유: 아동기 놀이의 시작

놀이와 사회성: 놀면서 배우는 도덕적 가치

놀이와 창조성: 놀이 속 물리적 세계와 상상의 연결

놀이와 몰입: 배움의 통로

제 1장 〈놀이와 자유: 아동기 놀이의 시작〉에서는 사회, 그리고 가족구조의 변화와 맞물려 형성된 아동기의 발견과 아동기 놀이에 대한 개념의 형성을 보여주고자 하였다. 특히 성인기와 구별되는 시기인 아동기 놀이의 본질을 자유에서 찾고, 놀이 안에 내재된 자유와 구속의 의미를 제시하는 가운데 유아기 놀이를 위해 필요한 시공간의 확장, 그리고 놀이 환경의 조성을 되짚어 보았다.

제 2장 〈놀이와 사회성: 놀면서 배우는 도덕적 가치〉에서는 유아가 놀이 속 규칙의 의미를 깨닫고 사회적 합의와 관계를 형성하는 과정을 다루었다. 유아의 놀이를 구성 · 유지하는 데에 필요한 규칙은 유아들로 하여금 긴장과 갈등을 경험하게 하는데, 이를 극복하는 괴정에서 유아가 도덕적 가치를 '발견'하게 되며, 동시에 놀이를 통해 자연스럽게 도덕적 가치와 태도를 습득하게 됨을 보여주고자 하였다.

제 3장 〈놀이와 창조성: 놀이 속 물리적 세계와 상상의 연결〉에서는 도구적 존재인 호모 파베르(Homo Faber)로서의 인간에서 출발하여 물리적 세계와 상상의 세계가 만나는, 유아의 놀이의 특성을 탐색하고자 하였다. 유아는 다양한 자연물과 사물이 주는 어포던스의 특징을 발견하고 경험하는 것에서 나아가 사물과

환경에 변화를 가하고, 통제해가며 그 가운데에서 가능성을 실험하고 상상의 세계를 구축해간다. 이러한 과정이 유아의 의식과 인지, 상상적 사고에 주는 의미를 생각해 보았다.

제 4장 〈놀이와 몰입: 배움의 통로〉에서는 유아기의 놀이에는 최적화된 몰입이 담겨 있음을 보여주고, 이 과정에서 도전과 성취, 실패와 좌절을 경험하며 유아들은 삶에 대한 주도성을 높여감을 제시하였다. 또한 유아의 몰입과 배움, 그리고 교사의 몰입과 배움을 제시하여 함께 살아가는 공동체로서의 유아교육기관에 대한 의미를 생각해 보고자 하였다.

이 책에서는 서술의 편의를 위해 놀이와 관련된 주요 개념을 나누어 각 장을 구성하였다. 각 개념은 때로 상반되는 특성을 지닌 것처럼 보이기도 하고, 상호 보완적 성격을 드러내기도 하며 놀이의 전체적인 형태를 보여준다. 따라서 이 책을 읽는 독자 스스로가 놀이에 대한 각 개념들을 통합적으로 연결하여 놀이에 대한 전체적인 그림을 구성하며 읽어나가는 것이 필요하다. 본 저서는 새로운 인식의 지평을 제안하기보다는 기존에 이야기되었던 것들을 다시 되짚어 보고자 하는 의도로 엮은 것이므로 '안내서'라기보다는 '익숙함'에서 한 발자국 나아간 "연구자들의 놀이에 대한 성찰기록물"임을 밝힌다.

참고 문헌

1) 이수상 (2012). **네트워크 분석 방법론**. 서울: 논형.
2) Barnett, L. A. (1990). Playfulness: Definition, design and measurement. *Play & Culture, 31*, 319–336.
3) Johnson, J. E., Christie, J., & Wardle, F. (2005). ***Play, development, and early education***. Boston, M. A.: Pearson: Allyn and Bacon.
4) King, N. R. (1979). Play: The kindergartners' perspective. *The Elementary School Journal, 80*(2), 81–87.
5) King, N. R. (1982). Work and Play in the Classroom. *Social Education, 46*(2), 110–113.
6) King, N. R. (1987). Elementary school play: Theory and research. In J. H. Block & N. R. King (Eds.), *School play: A source book*(pp. 143–165). New York: Garland Publishing.
7) 3)과 동일
8) 5)와 동일
9) Smith, P. K., & Vollstedt, R. (1985). On defining play: An empirical study of the relationship between play and various play criteria. *Child Development, 56*(4), 1042–1050.
10) Huizinga, J. (2010). **호모 루덴스**[*Homo Ludens*]. (이종인 역). 서울: 연암서가. (원저 1938년 출판)
11) 10)과 동일
12) 10)과 동일
13) 10)과 동일
14) 김겸섭 (2008). '놀이학'의 선구자, 호이징하와 까이와의 놀이담론 연구. **인문연구, 54**, 147–190.
15) Caillois, R. (2002). **놀이와 인간**[*Man, Play and Games*]. (이상률 역). 서울: 문예출판사. (원저 1961년 출판)

놀이와 자유:

CHAPTER 1

아동기 놀이의 시작

놀이와 자유: 아동기 놀이의 시작

여는 글

어느 일간지의 조사에 따르면, '나에게 놀이란 무엇인가'라는 질문에 대하여 초등학생들의 37.2%가 자유라고 답하였고, 그 다음으로 행복(13.2%), 재미(10.7%)의 순으로 나타났다.[1] 가장 많은 수의 초등학생들이 놀이에서 느끼는 가장 중요한 가치로 자유를 꼽았다. 이는 공부에 지친 아이들이 하기 싫은 공부를 하지 않아도 되는 시간인 놀이 시간 동안 해방감을 느끼기 때문으로 볼 수도 있다. 그렇다면 학령전기 유아들의 경우는 어떠한가. 유아 사교육 실태를 고려하면 학령전기 유아들의 상황은 초등학생들보다 조금 나을 뿐이다. 그러나 이 아이들에게 놀이가 단지 영어 공부와 선행학습에 대한 반작용으로 해방감을 주기 때문에 놀이가 자유로운 것은 아닐 것이다.

EBS '놀이의 반란' 프로그램에서 유아의 놀이에 관한 흥미로운 실험을 보여주었다. 세 개의 그룹으로 유아를 분류하여 유아들이 블록놀이를 하도록 하였다. 첫 번째 그룹의 유아들은 자유선택놀이로 유아들이 자발적이며 주도적으로 블록놀이를 선택하였다. 두 번째 그룹의 유아들은 교사가 블록놀이를 하는 것을 권하여 블록놀이에 참여하게 되었다. 세 번째 그룹의 유아들은 교사가 블록놀이를 하도록 지정하였기 때문에 놀이에 참여하였다. 일정 시간이 지난 후에 교사가 이 세 그룹의 유아들에게 다른 영역에서 놀이를 할 수 있는 선택의 기회를 부여하였는데, 이때 첫 번째 그룹의 유아들만이 다른 놀이로 전환하지 않고 블록놀이를 지속하였다. 이는 놀이에서 자유가 갖는 힘을 보여주는 단적인 예이다. 어떤 놀이를 할 것인지 유아가 자유롭게 선택하여 놀이하였을 때 그 놀이는 진짜 놀이가 된다.[2]

더 어린 아이들을 보더라도 그들의 놀이하는 모습은 한없이 자유롭고 행복해 보인다. 일반적으로 유아들의 놀이에서 탐색("이 사물은 무엇에 쓰이는 것인가?")이 놀이("이 사물을 가지고 나는 무엇을 할 것인가?")에 선행하는 것으로 알려져 있다(물론, 아주 어린 영아들의 경우 탐색과 놀이는 구분되지 않는다.). 어느 정도의 경계심과 호기심을 갖고 낯선 사물을 탐색한 뒤 그 사물에 대하여 알게 되면, 그때부터 그것을 마음대로 조작하는 놀이가 시작된다. 여기서 '마음대로' 조작하는 이 행위는 이미 자유롭다. 놀이가 시작되면서 경계심은 사라진 지 오래다. 마치 유아에게 놀이란 본래 자유였던 것 같은 모습이다.

본 장에서는 놀이에서 자유의 의미와 가치에 대하여 생각해 보고자 한다. 또한, 유아에게 놀이가 삶의 자유라는 의미를 지닌다면, 유아가 진정 자유롭게 놀 수 있기 위해 필요한 것은 무엇인지 고민해 보도록 하겠다. 앞서, 유아의 놀이에 관한 실험에서 유아가 자유롭게 선택하는 놀이가 진짜 놀이가 될 수 있다고 하였으나, 유아교육현장에서 때로는 교사가 권유하는 방식에 의해 유아의 놀이가 이루어지기도 한다. 교사의 개입 여부보다는 어떻게 개입하느냐가 유아의 놀이를 진짜 놀이로 이끌 수 있을 것이다. 놀이와 자유의 관계를 논하기 전에 유아 놀이의 의미는 어떻게 구성되어 왔는지 그리고 그보다 먼저 아동기는 어떻게 출현하였는지에 대하여 알아보고자 한다.

아동기의 탄생과 놀이

> 내가 '귀여워하기(mignotage)'라고 불렀던, 아동에 대한 인위적인 감정은 유아기로 제한되었다. 사람들은 아이를 하나의 동물, 버르장머리 없는 원숭이 같은 애완동물처럼 대했다. 그러다가 아이가 죽으면 – 당시에는 그러한 일이 흔했다 – 일부 사람들은 그래도 가슴 아파했지만 대부분의 경우 다른 자식을 갖게 되면서 쉽게 잊곤 했다. 아이는 일종의 익명 상태에서 벗어나지 못했다.[3] (35쪽)

생애 초기의 경험과 발달은 인간의 전 생애에 걸쳐서 영향을 미칠 수 있기 때문에 인간 생애 발달에서 아동기*는 중요한 시

* 아동기(childhood)란 출생에서부터 청년기에 이르는 기간을 의미한다. 하지만 본 장에서는 어른과 구분 짓는 용어로서 유아와 유사한 개념으로 사용한다.

기로 인식된다. 그러나 지금은 당연한 것으로 간주되는 아동기(childhood)는 17세기에 들어서야 출현한 개념이다.[4] 17세기 이전 서구 문화에서 아동은 '어른의 축소판' 정도로 인식되었다. 프랑스의 역사학자인 아리에스(Philippe Ariès)는 〈아동기의 탄생(Centuries of Childhood)〉에서 망탈리테의 역사(histoire des mentalites)를 추적한다. 한 시대의 인간집단이 형성하는 인식, 감정, 태도를 모두 포함하는 변화과정이 망탈리테의 역사라고 볼 수 있다.[5] 아리에스는 영아 사망률의 감소와 유럽의 교육제도의 변화, 근대 가족구조의 출현에 따라 그 이전에는 존재하지 않았던 아동기라는 개념이 등장하였다고 설명한다. 이처럼 시대의 변화에 따라 아동에 대한 근대적 사고방식이 출현한 것이다. 그러나 이는 근대 이전에 아동이 사랑받지 않았다는 의미는 아니다. 중세 시대 이전에도 아동에 대한 애정과 보호는 있었고 짧은 기간이지만 아이들은 귀여움의 대상이 되기도 하였다. 그러나 아동기의 가치에 대해 보편적으로 공감하고 아동기가 인간 생애 주기에서 하나의 중요한 단계로 분리되어 인식된 것은 근대화 과정을 거치면서 가능해진 것으로 보인다.

보다 정확하게, 서양 중세사회에서는 사회적 지위에 관계없이 아동기에 대한 관념이나 의식이 없었으나 근대에 들어서서 아동기가 '발견(discover)'되었다. 17세기 이전에는 아동을 '작은 어른'으로 인식하였기 때문에 서구 사회의 지배계층에서도 아동기를 특별한 시기로 생각하지 않았다. 이 시기의 사람들은 아동기의 특수성을 인식하지 않았기 때문에 아동은 특별한 돌봄을 필요로 한다는 인식 또한 부족하였다. 또한 중세 시대의 아동들은 7세가 되면 성인들의 세계의 일원으로서 성인들이 하는 일과 놀이에 동일하게 참여하였다. 아동의 특수성에 대한 인식과 관심이 없었기 때문에 아동을 대상으로 교육을 하지 않았고 아이들을 위한 동화나 노래도 존재하지 않았던 것으로 알려져 있다. 아이들은 10세가 되면 어른들처럼 작업장에서 일하기 시작하고 어른들의 놀이에 참여하였다. 어른과 아이를 뚜렷하게 구분 짓는 것에 대한 집단의식은 존재하지 않았다.[6)]

그림 1-1
Louis XIV and his brother by Charles Beaubrun

아리에스는 망탈리테의 역사를 추적하기 위하여 그림과 판화 등 다양한 도상에서 아동의 이미지를 분석하였다. 그리고 근대 이후 아동기의 발견과 관련하여, 아동에 적합한 복장을 착용한 소년의 그림이 17세기가 되어서야 나타난 것을 지적하였다. 중세의 도상들에서는 아동기를 묘사하려는 시도가 없었고 아동들은 성인과 다르지 않은 모습으로 크기만 축소한 상태로 묘사되었다. 즉 중세 시대의 그림들에서는 작은 성인의 모습을 한 아동을 흔히 볼 수 있었다. 그러나 근대 중기에 이르러 아동은 성인과 다른 모습으로 구별되어 묘사되기 시작하였는데, 아리에스는 이를 아동기의 발견이라고 보았다. 아리에스는 그림에 나타난 아동의 이미지를 분석하면서, 작은 성인처럼 묘사되던 이전의 방식에서 벗어나서 성인과는 구별되는 아이들의 특징(귀엽고 통통한 모습)을 지닌 본연의 모습으로 아이들이 그림에 표현되기 시작한 시기에 주목하였다. 이처럼 아동기가 발견되면서 아동의 고유한 가치와 아동의 특징이나 특권 등이 인정되기 시작하였다. 물론 이 시기까지도 귀족 중심과 남아 중심으로 아동의 특수성에 대한 의식이 생겨난 것이긴 하다. 그러나 여기에서 우리가 주목해야 할 부분은 아리에스의 미술사와 관련한 역사적 분석이 아동기에 대한 의식과 개념이 어떻게 사회적으로 구성되고 형성되는지를 보여준다는 것이다. 즉, 아리에스의 미술사 분석은 아동에 대한 의식은 늘 있어왔던 것이 아니라 사회문화적으로 만들어진 것[7]임을 강조한다.

아동기에 대한 의식의 출현과 마찬가지로 유아의 성장과 발달에서 중요한 역할을 하는 놀이 또한 이러한 역사적 및 사회적 맥락 안에서 구분되고 개념화되기에 이르렀다.[8] 아동이 성인과 다르다는 인식은 14세기부터 나타나기 시작하였으나 이러한 인식이 보편화되기 시작한 것은 근대적인 가족구조가 형성되면서 가족과 공동체 생활의 구분이 명확해지기 시작한 시기와 맞물린다. 근대 이후에 아동은 성인과 다른 존재로서 분명하게 인식되기 시작하고 그들의 놀이 또한 성인의 것과는 다른 것으로 구분되기에 이르렀다. 아리에스는 17세기 초 놀이의 종류와 놀이와 아이들의 발달 간의 관계 등에 주목하였다. 전술하였듯이, 그 이전까지는 아이들을 위한 동화나 노래도 없었으며 성인과 유아의 놀이에 대한 뚜렷한 구분이 없었다. 따라서 아이들은 성인들의 놀이에 참여하며 성인들과 같은 놀이를 했던 것으로 드러났다.[9] 17세기에 이르러서 아동만을 위한 놀이가 나타나기 시작하였다. 아동의 놀잇감이 놀이의 도구로 등장하기 시작하였고, 성인과 아동의 놀이가 다른 범주로 구분되기 시작하였다. 그러나 이 시기에도 귀족 계급의 남자 아이들만을 대상으로 아동과 놀이에 대한 인식이 존재하였다. 서민들은 여전히 아이들과 성인들이 함께 어울려 노는 것이 일반적인 관습이었다. 그러나 사회가 변화하면서 점차 어린이들은 보호받아야 하는 연약한 존재라는 인식이 강조되면서 아동을 보호하고 성인과는 다른 방식으로 교육하는 것이 중요하다는 집단정신자세*(attitudes mentales)[10]가 자리 잡기 시작하였다. 이러한 집단정신자세의 등장과 함께 아동

* 주명철은 프랑스의 역사가들이 문화사를 서술할 때 '집단적인'이라는 용어를 사용하며, 아리에스가 사용한 망탈리테(mentalites)의 용어는 정신자세로 번역하는 것이 심성(心性)보다 옳다고 하였다.

기 놀이의 중요성도 부각되기 시작하였다. 이처럼 본격적으로 아동기 놀이의 중요성이 주목받고 논의되기 시작한 것은 근래에 와서 가능하였다.

그렇다면 유아의 놀이는 어디에 기원을 두고 있을까? 호모 루덴스라는 근본적 의미로부터 유아 놀이의 의미를 재조명해 보자.

> 아이와 동물은 놀이하는 것을 즐기기 때문에 논다. 그리고 거기에 바로 그들의 자유가 있는 것이다...놀이는 언제든 연기될 수 있고 중지될 수 있다. 왜냐하면 결코 물리적 필요나 도덕적 의무로 부과되는 것이 아니기 때문이다. 놀이는 결코 임무가 아니다. 놀이는 여유가 있을 때, 곧 "자유 시간"에 행해지는 것이다.[11] (23쪽)

하위징아(Johan Huizinga)는 인간의 문화는 놀이를 통해 비롯되었으며, 놀이는 문화 그 자체라고 보았다.[12] 또한 놀이의 본질은 재미와 자유에 있으며, 놀이는 자유 그 자체라고 하였다. 놀이는 결코 임무가 아니며, 어떠한 의무에 의해서도 행해지는 것이 아니다. 놀이는 언제든 그만둘 수 있는 자유를 동반한다. 아무리 재미있는 활동이라고 해도 그 활동에서 자유가 허락되지 않는다면 그것은 놀이라고 볼 수 없다. 즉 강력하게 몰입이 가능하다 해도 마음대로 그만둘 수 없는 활동이라면 그것을 놀이라고 말할 수 없다. 카이와(Roger Caillois)는 놀이자는 언제든 놀이를 그만둘 수 있는 완전한 자유가 있으며 이러한 자유는 놀이하는 자에게 무엇보다도 필요하다고 역설한다. 놀이하는 인간이라는 뜻인 호모 루덴스(Homo Ludens)에서 알 수 있듯이 놀이는 다른 무엇을 위한 조건이나 수단이 아니며 인간은 놀이 그 자체에서 만족감을 느낀다. 즉, 인간은 놀이를 통해 인간으로서의 진정한 삶을 누릴 수 있다. 그러나 아직도 "놀기만 하면 배우는 것이 없다."라는 인식이 일반적이다. 고도의 이성, 생산성과 성과 위주의 사회에서 놀이는 비생산적이며 비이성적인 시간 떼우기 활동으로 여겨지고 있다. 이처럼 성과 중심의 사회에서 놀이의 가치에 대한 인식이 낮아졌지만, 놀이란 인간이 인간다운 삶을 영위하기 위해 필수적이다.[13] 즉, 인간은 놀이 안에서 완전해질 수 있고 진정성을 회복할 수 있다는 호모 루덴스의 의미를 생각하면 순수한 놀이의 회복과 가치 재정립이 필요한 때이다.

근대 철학에서 칸트(Immanuel Kant)는 자유놀이의 중요성에 대해 제시하였으나 유아의 놀이를 성인의 놀이와 구분하여 제시하지는 않았다.[14] 마찬가지로, 후기 칸트학파 이상주의론자(Post-Kantian Idealism)인 쉴러(Friedrich Schiller)는 놀이란 인간을 모든 상태의 속박에서 해방(liberation)시키는 힘이 있고, 놀이를 통해서 인간은 완전해질 수 있다고 하였다.[15] 이처럼 철학적 관점에서 놀이는 인간에게 있어서 근원적인 것이며 필수적인 것으로 간주되었다. 칸트와 마찬가지로 쉴러 역시 놀이를 인간의 관점에서 설명하였다는 점에서는 놀이에 대한 사유를 한층 발전시켰다는 의의가 있으나 여전히 유아의 놀이에 대해서 구체적으로 언급하지는 않았다.

이처럼 놀이의 중요성에 대한 철학적 관심은 존재하였으나, 놀이 자체에 대한 진지한 학문적 논의는 찾아보기 어렵다. 볼츠(Norbert Bolz) 역시 하위징아의 〈호모 루덴스(Homo Ludens)〉(1938)와 호모 루덴스를 비판하며 논의의 확장을 끌어낸 카이와의 〈놀이와 인간(Les jeux et les hommes)〉(1958)을 제외하고 놀이에 대해 학문적으로 깊이 있게 다룬 저서가 없었다고 주장한다.[16] 또한 하위징아의 놀이 이론조차도 귀족들이 향유하는 놀이에만 초점을 맞추고 있다는 점에서 비판을 받고 있다.[17] 노동과 생산이 시대의 우상으로 자리 잡은 시대에 놀이는 학문적으로 진지하게 다루어지고 있지 않으며 지금까지 놀이는 비생산적인 오락 활동 정도로 치부되어 왔다. 이처럼 놀이는 진지하지 않은 것으로 규정되어 생산적인 노동이나 삶의 진지함과는 대립되는 것으로 간주되어 왔다.[18] 놀이의 비생산성에 대한 인식은 놀이에 대한 가치 저하로 이어졌다. 놀이는 진지하지 않으며 비생산적이기 때문에 중요하지도 필요하지도 않다는 인식이 지금까지도 만연해 있다.

그러나 듀이(John Dewey)는 놀이 중심 학습을 지지하면서 놀이의 학습과 발달에 기여하는 도구적 역할 가능성을 제시하였다. 실용주의라는 지배적 담론의 영향력 아래, 놀이는 학습과 발달을 가능하도록 하는 도구(instrument)로서 관심을 받게 된 것이다. 듀이는 놀이에는 목적이 있으며, 유아는 놀이의 목적을 달성하기 위하여 놀이를 하는 과정에서 지적 능력을 사용한다고 하였다. 이와 같이 놀이는 학습과 발달이 가능하게 하는 도구로서의 역할을 한다.[19] 또한 핑크(Eugen Fink)의 놀이존재론에 따르면 놀이는 인간실존의 근본현상이며 인간에게 있어서 중요한 다른 현상들인 죽음, 노동, 사랑 등과 연결되어 있다.[20] 이처럼 근래에 와서야 인간의 성장과 발달에서 놀이가 차지하는 역할에 대한 학문적 및 사회적 공감대가 어느 정도 형성되었다. 그러나 20세기에 들어와서도 생산성을 중요시하는 시대적 영향은 변함이 없어서, 여전히 순수한 놀이로의 회복이 필요한 상황이다. 놀이와 관련하여 지금까지 살펴본 역사적 흐름은 유아 및 유아의 놀이에 대한 인식과 개념은 늘 존재해왔던 것이 아니라 사회와 문화에 따라서 얼마든지 재구성될 수 있음을 드러낸다.

그렇다면, 인간을 놀이하는 인간으로 재조명하는 데 기여한 호모 루덴스라는 개념으로부터 유아에 의한 그리고 유아를 위한 놀이가 무엇인지에 대해 파악할 필요가 있다. 호모 루덴스의 개념에 의하면, 인간의 모든 행동은 놀이와 관련되며, 놀이는 인간의 존재와 행동의 본질을 설명한다. 인간에게 있어서 놀이가 이토록 중요하다면, 유아기에 잘 노는 것은 인간다운 삶을 영위하기 위하여 필요한 것이 아닐까 한다. 여기서 우리는 놀이가 무엇인지에 대해서 궁금해진다. 놀이가 무엇인지 아는 것에서부터 잘 노는 유아로 생각의 전환이 용이하기 때문이다. 놀이의 정의에 대해서 일반적으로 자주 등장하는 관련 용어는 자유이다. 앞서 말한 대로 자유는 놀이에 있어서 필수적인 것인가? 놀이와 자유는 어떤 관계에 있는가? 우리는 놀이와 자유의 관계를 불가분의 관계인 것처럼 당연하게 여겨왔지만, 유아의 놀이에서 자유가 어떤 의미를 가지는지에 대해서 진지하게 고민해 본 적은 없다. 본고에서는 유아의 놀이에서의 자유의 의미와 놀이와 자유의 관계를 재조명하고자 한다. 놀이에 대한 생각이 사회문화적으로 구성되는 것이라면 현 시점에서 놀이와 자유의 의미가 어떻게 구성되어 있는지 생각해 볼 필요가 있다.

자유놀이

> 놀이가 시작되자 5명의 여아들이 블록영역으로 와서 만들기를 시작한다. 평소에는 보기 힘든 모습이다. 블록에서 놀던 남아들이 주위를 서성인다. 주영이가 블록영역에 소품으로 있는 인형을 가지고 카페트 구석에서 논다. 재욱이와 태성이가 "야, 너 하면 안 돼."라고 말한다. 주영이가 "이거는 L블록도 아닌데 뭐."라고 말한다. 교사가 바라보자 주영이는 블록 소품을 얼른 바닥에 버린다. 여아들은 종이벽돌로 길게 담을 쌓더니 소꿉방에서 그릇을 가져온다. 벽돌블록으로 냉장고를 만들고 소꿉방에 있는 음식과 과일을 가져와서 넣는다. 주영이는 미술놀이에서 그린 그림 2장을 들고 다시 블록으로 온다. 여아들이 블록을 만드는 것을 서서 구경한다. "야, 그것 거기에 하는 것 아니야.", "아이구, 그거 되게 쉬운데."라며 계속 말로 참견한다.*

위에 제시한 교실에서의 일화기록에서 유아들은 자유롭게 놀이에 참여하고 중단하기도 한다. 아이들이 놀이를 시작하도록 강요하거나 요구하는 이는 없다. 다만 유아들은 자기가 하고 싶은 놀이를 언제든지 자유롭게 시작한다.

> 우리는 자신이 할 수 있는 것만을 원하고 자기가 마음에 드는 일만 해야 할 것이라고 루소는 이야기한다. 바로 그런 사람이 자유로운 사람이고, 행복한 사람이며, 자연 그대로의 사람이다. 자신의 의지에 따라 행동하는 유일한 사람은

* 김진영 (2002). 유치원 블록놀이에 대한 질적 연구. 22(4), 147-172. 163쪽에서 발췌.

> 그렇게 하기 위해 자신의 힘에 다른 사람의 힘을 보탤 필요가 없는 사람이다. 여기서 모든 행복 가운데 최고의 행복은 권력이 아니라 자유라는 결론이 나온다.[21] (22쪽)

이처럼 유아에게 놀이란 자유롭게 선택하고 구성하며 자발적으로 참여하는 활동으로서 그 자체가 목적인 즐거움을 수반한 자기표현 활동이다. 놀이에서는 활동 자체와 구별되는 결과를 달성하려는 목적보다는 놀이 그 자체가 주는 즐거움이 중요하다.[22] 따라서 일면에서는 놀이와 자유놀이(free play)가 별개의 개념일 수 없다. 왜냐하면 놀이는 곧 자유이기 때문이다. 자유롭지 않은 놀이는 없고, 자유롭지 않은 상황에서 인간은 즐거움을 느끼기 어렵다. 자유를 침해하는 것은 자유로운 상상을 제한하는 것과 마찬가지이다. 선험적 원리의 부재에 의한—현실 세계의 경험과 규칙에 의해 제약을 받지 않는—상상력은 활동범위에 규제를 받지 않기 때문에 자유롭다. 반면, 상상력은 경험의 경계 안에서 시작하는 동시에 그 경계를 넘어갈 수도 있다.[23] 이러하듯 상상력은 곧 자유이다. 쉴러는 상상을 통해서 인간은 해방과 자유를 경험할 수 있다고 주장하였다. 실현할 수 없는 욕구를 상상 속에서 실현하는 것이 상상이라고 볼 수 있다. 또한 이러한 욕구가 개인에게는 행동의 동기가 된다. 놀이는 상상력의 원천이자, 상상력이 발현되는 공간이 된다. 이와 같이 놀이란 자유로운 상상이 전제가 되는 까닭에 놀이에는 반드시 자유가 내재되어 있다. 놀이에 참여하고 중단할 자유는 누구에게나 주어져 있다. 만약 놀이를 원할 때 마음대로 그만둘 수 없다면 우리는 그만둘 자유가 없는 활동을 놀이라고 명명할 수 없을 것이다. 모든 유아들이 놀이 활동을 그만두게 되면 놀이는 끝이 난다. 그러나 놀이를 하면서 느끼는 즐거움과 희열 때문에 유아들은 놀이를 지속한다.[24]

결국 유아는 놀이 상황을 스스로 통제하는 데서 생기는 즐거움을 느끼는 동시에 사회적 통제로부터의 해방감과 자유를 누린다. 놀이 상황에 대한 자기통제는 몰입에 의해서 외부로부터 방해받지 않고 지속된다.[25] 자신이 원하는 것을 자신의 힘으로 행할 수 있는 자기통제의 상태는 행복을 가능하게 한다. 유아의 놀이와 관련한 부모와 교사 대상 지침서에서 공통적으로 강조하는 것은 유아가 직접 탐구해 볼 수 있는 기회, 즉 독자적인 실험을 할 수 있는 놀이 공간이다. 유아를 정신적으로 성장시키기 위한 자양분으로서 놀이가 역할을 하려면 유아가 놀이에서의 주체로서 주도적으로 놀이를 이끌어가야 한다. 이는 놀이 상황 안에서 모든 선택과 결정의 자유가 유아에게 주어졌음을 의미한다. 설사 성인이 구조화한 놀이 상황에서도 결국 유아가 주체적으로 행동할 수 있는 자유가 없다면 이는 자기통제의 불능 상태로 이어지게 될 수 있다.

또한 놀이는 부가가치를 생산하지 않고 쾌락만을 남긴다. 다시 말하면, 놀이 자체와 상관없는 결과적 목적을 추구하지 않고 행위 자체에서 오는 재미로부터 만족감을 느낀다. 이러한 만족감이 놀이를 지속시키는 동기가 된다.[26] 이러한 비생산적인 활동은 일상생활과 다른 여유 시간 속에서 이루어진다. 여유란 즉 자유를 의미한다. 결국, 놀이, 즐거운 만족감 그리고 자유는 긴밀하게 연결되어 있다. 그렇다면 놀이에서 자유는 절대적인 것인

가. 놀이 상황에서 유아는 무한한 자유를 누릴 수 있는가. 제약 없는 자유를 무한히 누릴 수 있어야만 유아가 놀이를 즐기고 있다고 말할 수 있는 것인가.

자유와 구속

> 참가를 강요당하는 놀이는 곧 놀이가 되지 못할 것이다. 그것은 구속, 고역이 될 것이며, 사람은 그것으로부터 한시바삐 벗어나고 싶을 것이다. 의무적인 것이 되거나 아니면 단지 부탁받은 것만이 되어도, 놀이는 그 근본적인 특징의 하나를 잃는다. 놀이하는 것 그것에 열중하는 것은 자발적이고 완전히 자신의 의지에 따른 것이며, 즐거움을 위해서이다. 그는 언제라도 놀이를 그만둘 수 있고, 침묵할 수 있고, 심사숙고할 수 있으며, 조용히 혼자 있을 수 있거나 생산적인 활동을 선택할 수 있는 완전한 자유가 있다.[27] (29쪽)

놀이의 자발성은 곧 놀이가 놀이 주체의 자유로운 선택을 기반으로 한다는 것을 의미한다. 즉 자발성은 자유 그 자체이다.[28] 놀이 세계에서는 현실 세계에서 이성적으로 따라야 하는 주어진 의무와 책임으로부터 벗어날 수 있다. 놀이 세계는 비이성적인 공간을 제공하기 때문에 이러한 의무와 책임으로부터 자유로워질 수 있는 것이다.[29] 이와 같이 자유(freedom)는 유아의 놀이에서 중요한 구성요소로서 인식되고 있다. 그러나 유아의 놀이에서 자유가 의미화되기 시작한 것은 오래된 일이 아니다. 쉴러는 유아와 성인의 놀이를 구분하여 언급하지는 않았으나 놀이가 갖는 해방(liberation)의 의미를 중요하게 생각하였다.[30] 놀이에서 나타나는 상상(imagination)이 주어진 현실(reality)에서 벗어날 수 있게 하는 힘을 지녔다는 점에서 놀이하는 주체는 놀이에서 해방을 경험할 수 있다. 다시 말하면, 놀이는 필연성(necessity)과 외부 제약으로부터의 자유를 의미한다.[31] 그러나 이는 곧 자유에게 가장 높은 수준의 필연성을 부여하는 것일 수도 있다.

특히, 유아에게 자유놀이(free play)란 유아의 교육과 발달에 필수적인 것으로 간주되고 있다. 유아의 자유놀이를 구성하는 요인으로는 일반적으로 유아 자신의 내적동기, 능동성, 자발성과 즐거움이 언급된다. 놀이가 자유 그 자체라는 하위징아의 표현을 액면 그대로 받아들이면 놀이에서는 무한한 자유가 허용되어야 한다. 놀이는 완전하게 자유로워야 하는가에 대한 질문과 관련하여 다음 일화기록을 참고할 필요가 있다.

(실외 놀이터, 몇몇 유아가 바닥으로 흐르는 물을 이용해 놀이터 모래를 파서 물이 흐르는 길을 만들려고 한다.)

성호: (페트병에 물을 담아와 모래를 파고 그곳에 붓는다.)

지호: 얘들아, 물 넘치게 넘치게 넘치게 해버려!

아이들: (세 명의 유아가 물을 밑으로 흘려 보낸다.)

지호: 난 이제 땅을 파야겠어.

원준: 얘들아, 물 더 세게 틀어.

수현: 왜 물 세어나가면 니네가 다 막아야 하잖아.

원준: 얘들아, 물 더 세게 틀어.

수현: 안 돼, 물 많이 채워서 쭉 내려가게 할 거야.

아이들: (유아들은 물길을 만들고, 그 곳에 물을 채워나간다.)

주완: 물 엄청 많이 채워서 엄청 빨리 내려줄게.

은설: (수도꼭지에 서서) 좋아, 좋아, 더 세게.

하은: 이제 내려, 이제 내려.

아이들: 물이 흐르도록 막은 곳을 연다.

아이들: 우와! 예~!

아이들: (세 명의 유아가 다시 물길을 막고 페트병에 물을 받아 나른다. 모래 길에 물이 모아진다.)

원준: 한다! 한다!

아이들: (다함께 얼굴을 마주보며) 하나! 둘! 셋!*

위에 제시된 실외 놀이터 일화기록에서 아이들이 원하는 바가 모두 일치하는 것은 아니다. 물을 세게 틀기 원하는 유아가 있고 그렇지 않은 유아도 있다. 그러나 모든 유아들이 이 놀이를 함께 하기 위해서는 놀이에서 아이들 간에 공유되는 규칙을 따라야 한다. 즉, 놀이에 참여하기 위해서 개인의 자유는 어느 정도 제한될 수 있다. 여기서 그 누구도 개인의 자유를 억압하도록 강요하거나 요구하지 않는다. 만약 유아들 사이에 공유된 규칙을 따르고 싶지 않은 유아가 있다면 그 유아는 이 놀이에 참여하기를 중단하면 되는 것이다.

놀이와 자유에 관하여, 볼츠는 매우 의미 있는 설명을 하고 있다.[32] 놀이에는 일정한 규칙이 있다. 언뜻 보면 자유와는 거리가 있는 것으로 보이는 규칙을 놀이 안에서 발견할 수 있다. 카이

* 홍정선, 최인숙, 안연경 (2008). '장난감 없는 교실'에 나타난 유아의 놀이 경험. 열린유아교육연구, 13(5), 429-457. 446쪽에서 발췌.

와는 놀이와 규칙은 분리될 수 없으며 규칙은 놀이의 본질에 속한다고 보았다.[33] 듀이 또한 유아들의 놀이에서 규칙을 발견할 수 있다고 하였다.[34] 유아들이 참여하는 게임에는 규칙이 있으며 이러한 규칙은 게임에 참여하는 유아들의 행동을 통제한다. 그는 규칙이 없는 게임은 없다고 보았다. 규칙이 바뀌면 다른 놀이가 된다. 놀이에 참여하는 유아들은 서로 상호작용하며 협력하는 과정을 공유한다. 이러한 공유된 과정 안에서 개개인의 행동에 대한 통제가 일어난다. 게임에 참여하는 모든 아이들은 이러한 상황을 공유하며 이러한 공유된 상황 안에서 발생하는 통제는 어느 특정인에 의해 일어나지 않고 사회적인 의미를 갖는다.[35] 놀이 안에서 이루어지는 이러한 사회적 통제(social control)는 놀이, 자유 그리고 규칙 간의 불가분의 관계의 중심이 된다.*

물론 놀이를 하게 하는 원동력은 자유이다. 얼핏 보면 규칙과 자유는 상충되는 것으로 보인다. 규칙에 따라야 놀이에 참여할 수 있기 때문에 놀이를 하기 위해 놀이하는 사람은 자발적으로 자신의 자유를 포기하게 된다. 공유된 놀이 상황에서 자연스럽게 일어나는 사회적 통제[36]에 의해서 아이는 자발적으로 규칙에 따른다. 볼츠에 따르면, 이러한 자유의지에 의한 구속은 오히려 놀이를 통해 인간을 자유롭게 만든다. 언뜻 보면, 언어유희같이 들리기도 하지만, 유아의 놀이에서 자유의 의미를 같은 방식으로 해석할 수 있다. 마음대로 행동하고 싶지만, 유아는 놀이

---

* 놀이와 규칙에 관련된 더 자세한 내용은 2장을 참고할 수 있음.

에 참여하기 위해 마음이 가는 대로 행동하지 않고 주어진 규칙을 지킨다. 곧 자발적으로 자기 자신을 구속시키고 자발적으로 자유 박탈을 허용하기 때문에 놀이할 수 있다. 이는 외부에 의한 구속이 아니라 자기 자신에 의한 자발적 구속이라고 할 수 있다.

마찬가지로 하위징아도 놀이에는 절대적이며 독특한 질서가 존재하고 놀이는 결국 질서를 의미한다고 하였다. 놀이의 절대적 질서가 지켜지지 않는 순간 놀이는 중단될 수 있다는 것이다. 하위징아는 놀이와 질서 간의 관계를 미학적 관점에서 설명한다. 놀이는 아름다워야 하기 때문에 놀이하는 사람은 질서정연한 형태를 따르게 된다. 놀이에서 발견할 수 있는 균형과 조화는 이러한 놀이의 아름다움의 속성과 관련이 있다. 또한 질서와 규칙은 일시적으로 창조된 놀이 공간을 지속시키는 힘을 갖는다.[37)]

이러한 관점에서 볼 때 비구조화된 놀이(unstructured play)는 성인이 아니라 유아에 의해서 구조화된 놀이를 의미함을 알 수 있다.[38)] 이러한 놀이를 흔히 자유놀이(free play)로 부른다. 비구조화된 놀이, 즉 자유놀이란 그 안에 어떠한 질서와 규칙도 없음을 의미하지 않는다. 반면, 구조화된 놀이(structured play)에서는 이미 외부에 의해서 규칙이 부과되었고 유아는 자발적으로 이 규칙에 동의하여 놀이에 참여하게 된다. 규칙과 질서가 명시적이든 아니든 간에 놀이에서 유아는 구속을 경험한다.

자유와 구속이라는 상반된 개념이 공존한다는 것은 혼란스럽게 들릴 수도 있다. 그러나 여기서 말하는 구속이란 자발적으로 놀이의 규칙을 지키는 것을 의미하며, 자발적 구속으로 인하여 유아는 더 큰 해방감과 자유를 경험할 수 있다.[39)] 다시 말하면,

어떠한 제한도 없는 무조건적인 자유보다는 책임을 수반한 자유에 의해서 유아는 놀이에 몰입할 수 있으며 더욱 자유로워진다. 따라서 유아는 놀이 안에서 또 다른 자유를 경험하게 되는 것이다. 물론 구속이 외부로부터 주어진다면, 이는 더 이상 놀이를 위한 구속이 되지 않는다. 놀이는 외부에 의한 비자발적 구속을 수반할 수 없다. 왜냐하면, 비자발적 구속은 자유 의지를 박탈하기 때문이다. 결국 외적 보상이나 명령 등에 의한 구속은 외부에 의한 것이고 이러한 외적인 힘에 의한 유아의 참여는 놀이가 아니라 일이나 활동이라고 볼 수 있다. 물론 유아에게 놀이는 일이고 일은 놀이라는 말이 있다. 그러나 이 말의 의미는 유아가 놀이를 통해서 발달하고 학습한다는 의미이지 유아에게 있어서 놀이와 일의 구분이 없다는 뜻은 아니다.

여기서 중요한 것은 자발적 참여가 이러한 자발적 구속을 가능하게 한다는 것이다. 즉, 놀이에 참여하거나 중단할 자유가 있기에 놀이의 규칙을 따라야 한다는 스트레스적인 상황은 보다 안전하고 즐거운 활동이 될 수 있다.[40] 이처럼 놀이에서의 자유는 자발적 구속을 가능하게 하며 이는 즐거움의 전제가 된다.[41] 결국, 놀이에서의 자유가 무책임한 방종을 의미하지 않는다. 단순히 여가 시간을 즐기는 정도로서의 놀이를 의미하는 것이 아닌 진정한 놀이란 놀이 규칙을 자발적으로 따르는 책임을 동반한 자유라고 할 수 있다. 따라서 아이러니하게 들릴 수 있지만 놀이에서의 자유를 극대화하기 위해서는 놀이 참여에 필요한 책임을 지키는 자발적 구속과 유아 스스로 놀이에 참여하거나 언제든지 중단할 수 있는 자발적 참여가 요구된다.

시간과 공간의 확장성

유준: (자신이 만든 공룡을 쌓기영역 교구장 위에 올린다.) 브라키오 ~~ 추락한다.

강민: (자신이 만든 공룡을 유준이가 만든 공룡 옆으로 가져가며) 나는 티라노 ~~

태영: (쌓기영역 바닥에 앉아서 강민이와 유준이의 움직임과 소리를 전혀 의식하지 않은 채 계속해서 교구장 앞에 앉아서 기어블록을 끼운다.)

강민: (태영이 옆에 앉으며) 야, 놀이 안 하고 뭐하는 건데?

태영: (대답 없이 계속 만든다.)

(중략)

태영: (교실의 모든 유아들이 미술영역에서 양초 그림을 그리는데 태영이는 쌓기영역에 홀로 앉아 고개를 숙여서 계속 블록을 만든다. 초록색 기어블록을 끼워서 입체 네모 모양을 만들려고 시도하는데 계속 연결이 잘 되지 않자 인상을 찌푸리며) 아앙~ (다시 만들기를 시도한다. 5분 정도 소요된 후에 입체 네모 모양을 완성한다.)

강민: (태영이에게 다가와서 앉더니) 야, 다 만들었어? 어?

태영: 어. (강민이를 보고 미소 짓는다.)

동혁: 이거 만드는 데 진짜 시간 오래 걸렸네. 다시 공룡놀이하자.*

* 임부연, 서유리, 김경애 (2018). 자유선택활동 놀이시간에 나타나는 몰입경험에 관한 질적연구: 유아 몰입경험 특성과 교사역할에 대한 함의를 중심으로. 학습자중심교과교육연구, 18(7), 789–818. 805쪽에서 발췌.

이 일화에서 태영이는 또래들과의 놀이를 중단하고 또 다른 놀이를 혼자 하다가 다시 또래들과의 놀이를 시작한다. 놀이는 어떤 시점에서 종료되기도 하고 다시 시작되기도 한다. 또한 아이는 제자리에서 다른 놀이 공간을 얼마든지 창조할 수도 있다. 태영이의 놀이가 공룡 놀이의 공간에서 단순한 블록 놀이의 공간으로 바뀌면서 놀이 공간의 경계는 쉽게 허물어진다. 이처럼, 놀이는 시간과 공간의 확장으로 이어진다. 물리적으로, 놀이는 규칙과 질서에 따라 적절한 시간과 공간의 경계 내에서 이루어진다.[42] 놀이는 약속된 경계 내에서 이루어지며, 주어진 시간과 공간에서 행해진다.[43] 놀이는 끝없이 지속되지 않는다. 일정 시점에서 종료된다. 놀이에서는 시간과 공간의 경계가 허물어지기도 한다. 가령, 놀이의 시간은 현실의 시간과 다를 수 있다. 현실 속 시간은 낮이지만 놀이 속 시간은 밤이 될 수 있다. 또한 놀이는 끝없이 반복될 수 있다. 같은 시간을 계속 반복하여 놀이할 수도 있다. 그리고 놀이하는 동안 유아는 과거로 돌아가거나 미래로 가는 등 시간을 뛰어넘을 수도 있다. 유아들은 놀이 안에서 새로운 시간을 만들 수 있다. 현실 세계의 시간에서는 가능하지 않았던 시간의 변화와 조작이 가능한 순간들이 놀이 과정에서 일어난다. 이렇듯 놀이 시간은 현실 세계의 시간으로부터 독립하여 무한히 확장될 수 있다.

마찬가지로 놀이에서는 현실 세계의 공간으로부터 독립된 공간을 경험할 수 있다. 현실 세계의 공간이 반드시 놀이 공간이 되지는 않는다. 유아는 현실 세계의 공간과는 전혀 다른 새로운 공간을 놀이 안에서 창조할 수 있다. 놀이에서 발휘되는 상상력은 현실에서 벗어난 또 다른 세계를 창조할 수 있도록 해준다. 상상력은 우리가 지각한 현실에 대한 사고가 아니라 현실과는 다른 공간을 창조한다. 상상은 다른 형태의 사고가 되며 상상을 하는 사람이 현실에 대한 사고로 돌아왔을 때 상상은 끝을 맺는다.[44] 놀이 세계에서 아이의 방은 전쟁터가 되거나 때로는 병원이 되기도 한다. 현실 세계의 공간과는 별개로 유아는 놀이 세계의 공간을 스스로 새롭게 만들 수 있다. 이 모든 것이 유아의 자유로운 상상 안에서 가능해진다. 즉, 시간과 공간의 독립은 유아가 놀이 안에서 자유로운 상상을 펼칠 수 있음을 의미한다.[45] 유아의 상상에 의한 현실 세계의 변형, 파편화, 조작 등이 일어나지 않고 현실 세계를 그대로 따라하는 것은 모방에 지나지 않는다. 핑크가 놀이를 "진지한 삶의 가상적 바꿔치기"로 정의했듯이,[46] 놀이에서는 현실 세계의 왜곡이 일어나며, 이러한 왜곡은 유아의 상상에 의해 만들어진다. 비고츠키(Lev Vygotsky)에 의하면, 놀이는 상상을 행동으로 표현하는 것이며 상상은 욕구의 충족이자 행동의 동기가 된다.[47] 실러에 의하면 상상은 곧 해방이다. 인간은 상상을 하면서 현실 세계에서 벗어나 자유로움을 느낀다. 상상을 하는 그 순간만큼은 인간이 정신적인 자유를 얻는다. 따라서 현실 세계와는 독립된 시공간 안에서 유아는 자유로운 상상을 통해서 놀이를 확장시킨다. 놀이에서의 시간과 공간은 현실 세계로부터 분리되어 확장될 수 있다.

이처럼 현실 세계로부터 독립된 시간과 공간을 확보하는 것은 유아가 성인에게 종속되고 통제되는 현실 세계로부터의 독립과 자유를 의미한다. 놀이를 하면서 유아는 부모와 학교로부터의 구속과 통제에서 잠시 분리되어 다른 또래들과 함께 어울려 놀 수 있는 시간과 공간을 향유할 수 있게 된다. 놀이에서 일어나는 시공간의 독립은 이미 주어진 안전한 상태를 벗어나면서 느끼게 되는 불안감과 새로운 것에 대한 열망이라는 양가감정으로 이어지게 한다. 독립된 시간과 공간에서 유아는 자신의 행동을 스스로 통제하는 자발적 통제를 경험한다.[48)]

역으로 말하면, 외부에 의한 통제와 제약이 놀이 시간과 공간을 지배할수록 유아의 놀이는 자유라는 본질을 잃게 된다. 성인의 관점만 고려하여 놀이 시간과 공간에 대한 통제를 많이 할수록 유아의 놀이에서 자유로운 상상에 의한 시간과 공간의 확장은 일어나지 않으며 결국 이는 놀이다운 놀이를 방해할 수 있다. 그러므로 유아가 자유롭게 상상하고 자발적으로 놀이 시간과 공간을 구성하며 통제하는 것을 허용해야 놀이의 자유를 보장할 수 있다. 다만 유아의 놀이에서 공간에 대한 지나친 제약은 자유에 대한 제한으로 이어질 수 있다. 놀이 공간에 대한 제한은 의도치 않게 일어날 수 있다. 이 지점에서 자유와 안전 사이에 충돌이 발생할 수 있다는 의미이다.

유아에게 안전이 중요하다는 것은 모두가 인지하고 있는 일종의 규칙과 같다. 매슬로우(Maslow)의 욕구위계설(hierarchy of needs)에 따르면 안전에의 욕구가 충족되지 않은 경우 인간에게 있어서 다른 욕구는 중요해지지 않는다.[49)] 가령, 위험한 상황에서는 타인에게 존중과 애정을 받고자 하는 욕구를 갈망하지 않는다. 따라서 안전이 보장되어야 유아는 건강하게 놀이하고 성장하고 발달할 수 있다. 그런데 유아는 발달적으로 자기 스스로를 보호할 수 있는 능력이 부족하며 안전에 대한 지식이나 행동도 불완전하다. 따라서 유아들에게 안전한 환경을 조성하는 것은 중요하다. 그러나 안전을 지나치게 강조하는 경우 놀이 환경에 많은 제약을 두게 되므로 놀이에서의 자유가 제한될 우려가 있다. 안전규정에 따라 시설물이 배치되어 있는 우리 주변의 안전한 놀이터는 어느 곳이나 대부분 유사한 형태로 구성되어 있다. 그러나 안전한 놀이터가 때로는 유아들의 자유로운 놀이를 방해할 수도 있다. 편해문(2015)은 〈놀이터는 위험해야 안전하다〉는 저서에서 지루한 놀이터에서 오히려 사고의 위험이 높아질 수 있다고 경고한다. 그는 놀이터와 놀이기구가 재미없어지면 기구를 본래의 기능에 맞지 않는 방식으로 사용하다가 오히려 사고가 발생한다고 설명한다. 즉, 위험해 보이지만 도전적인 놀이터 안에서 아이들은 안전에 더욱 집중하며 충분히 자유롭게 놀 수 있

그림 1-2
순천의 놀이터 (출처: 편해문 〈놀이터 디자이너〉)

다는 것이다.[50]

이러한 측면에서 최근 순천에 최초로 만들어진 모험놀이터의 사례를 생각해 볼 필요가 있다. 100여 명의 어린이들의 아이디어를 바탕으로 시민과 전문가들이 협력하여 만든 것이다. 기존의 놀이터와 달리 놀이터 이용자인 아이들의 생각을 반영하였다는 점에서 이 모험놀이터의 차별성을 찾을 수 있다. 또한 다른 놀이터에서 흔히 볼 수 있는 놀이 기구를 배치하는 것에서 벗어나 주어진 자연 지형을 최대한 활용하여 모래놀이와 물놀이 등 다양한 놀이가 가능하도록 환경을 조성하였다. 그리고 아이들의 안전을 위하여 배치한 놀이터 활동가는 아이들의 놀이를 지켜보는 역할을 한다. 이러한 모험놀이터는 기존의 놀이터와 달리 아이들이 놀이를 스스로 만들어갈 수 있는 공간을 제공하고 있다. 다시 말하면 모험놀이터에서 아이들은 동일하게 주어진 시설물에 맞추어 노는 것이 아니라 자유롭게 놀이를 선택할 권리를 마음껏 누릴 수 있다.

결과적으로 교사 혹은 성인은 안전에 대한 지나친 강조가 유아의 놀이에서 자유로움을 빼앗을 수 있다는 것을 생각해야 한다. 아이들의 자유로운 놀이를 위하여 도전과 모험심을 자극하되 안전과의 균형도 적절하게 고려하는 놀이 환경 조성이 필요하다. 놀이에서의 안전과 자유의 문제는 대립적인 관계라기보다는 유아의 놀이에서의 우선 가치의 균형이 필요함을 시사한다. 성인이 유아의 놀잇감과 놀이 환경을 제공함에 있어서 재미와 자유보다 안전을 우선 가치로 둔다면 유아가 놀이다운 놀이를 하는 것은 어려울 수 있다. 성인의 관점만 고려한 놀이 시간과 공간에 대한 물리적 제약은 놀이에서의 자유를 제한할 수 있다. 놀이에서 시간과 공간의 경계는 제한되기도 하고 허물어지기도 한다. 시공간의 확장은 놀이에서의 자유의 전제가 된다.

교실에서의 자유와 놀이, 그리고 경험

은정: (교사에게 가더니) 선생님, 우리 학교 놀이해요.
김교사: 그러면 우리 책상이랑 만들까?
은정: (웃으면서) 네.

(중략)

윤아: (교사에게 가더니) 선생님, 선생님도 빨리 학생하러 오세요. (역할영역으로 가서) 조금 있으면 김친구도 온다.
김교사: 하하하하하하 (윤아 쪽을 향해) 선생님, 가방좀 빌려주세요.
예주: (찬수가 만든 책상 옆에 작은 벽돌블록과 할로우블록으로 책상과 의자를 구성한다.)
찬수: (할로우블록으로 의자를 다 만든 후 앉는다.) (비참여관찰)

'학교놀이'는 주안에 이미 계획된 놀이였어요. 유아들이 졸업을 앞두기도 하였고 가입학식에 다녀온 후로 초등학교 가는 것에 관심을 가지고 있었고 교실에서도 유아들끼리 초등학교 이야기를 많이 나눴기에 역할, 쌓기영역 놀이로 계획했어요. 오전 놀이시간에도 유아들이 오랜 시간 동안 즐겁게 놀이에 참여하였는데 오후시간에도 흥미가 지속되어 놀이하는 모습이었어요(김교사 비형식적 면담).*

위에 제시된 유아의 놀이는 경험이 놀이와 어떻게 관련되는지 보여준다. 가상 입학식 경험은 유아들의 학교 놀이로 이어졌다. 교사가 계획하여 제공한 사전 경험은 유아들이 학교라는 주제에 대한 흥미를 높이고 학교 놀이를 오랜 시간 지속시키는 데 기여한 것으로 보인다. 결국 경험은 사고와 놀이의 범위를 확장시킨다. 놀이가 확장된다는 것은 그만큼 유아가 주체적으로 놀이를 향유할 수 있는 자유가 많아진다는 의미이기도 하다.

혹자는 유아들은 돌멩이와 풀만 있어도 얼마든지 창의적으로 놀 수 있다고 한다. 그러나 또래와 놀 시간과 공간의 부족은 오늘날의 유아들이 처한 현실이다. 결국 유아에게 주어진 놀이 환경과 사회적 경험에 따라서 유아의 놀이의 질과 내용이 달라질 수 있다.[51] 기존 연구에 따르면, 유아 주도의 놀이 참여가 가능한 물리적 환경의 질적 수준이 높을수록 유아의 놀이 수준은 높아진다.[52] 따라서, 유아교육현장에서 어떠한 교육 환경을 만들어주느냐에 따라서 아이들이 놀이하는 모습 또한 달라질 수 있다. 그런데, 의도된 공간과 시간적 제약을 내재하고 있는 교육현장에서 유아들이 잘 놀기 위해서는 유아 중심의 놀이 환경과 함

* 임부연, 서유리, 김경애 (2018). 자유선택활동 놀이시간에 나타나는 몰입경험에 관한 질적연구: 유아 몰입경험 특성과 교사역할에 대한 함의를 중심으로. 학습자중심교과교육연구, 18(7), 789-818. 808쪽에서 비참여관찰과 교사 비형식적 면담 기록 발췌.

께 다양한 사전 경험이 함께 고려되어야 한다.[53)]

여기서, 경험의 다양성은 고정관념과 편견의 배제와 선택의 가능성을 전제로 한다. 만약 교실에서 제공되는 활동 영역이 제한적이거나 주어지는 교구와 교재가 늘 변화 없이 일정하다면 유아들은 다양한 사전 경험에 노출될 기회를 충분히 누리지 못하게 된다. 예를 들면, 한 번 선택한 영역에서 유아가 계속 놀아야 하는 경우 유아는 놀이의 자유로움을 누리지 못하게 된다.[54)] 주어진 환경 내에서 유아 스스로 창의성을 발휘하여 얼마든지 놀이의 자유를 누릴 수 있을 것이라는 생각은 유아들에 대한 믿음이 아니라 성인으로서 유아들에게 자유로운 놀이의 가능성을 허용해야 하는 책임으로부터의 회피일 수 있다. 다양한 유형의 놀이가 가능하도록 공간을 배치하고 시간을 계획하며 놀잇감을 제공하는 등의 교사 개입은 유아의 놀이를 더욱 풍부하게 한다.[55)] 사전 경험과 지식은 유아의 놀이 행동과 표현에 영향을 미친다. 다양한 사회적 경험은 유아의 가상놀이와 사회극놀이를 확장시킨다.[56)] 사전 경험과 지식을 통해서 유아 자신이 놀이에 활용할 수 있는 지식의 범위가 넓어지게 된다. 이처럼 유아에게 주어진 환경의 다양성은 유아 놀이의 자유로움을 극대화시킬 수 있는 중요한 요인이라고 볼 수 있다.

우선, 자유선택활동 시 영역 선택에 대한 '과도한' 제약은 놀이 환경의 제약으로 이어진다. 물론 아무리 다양한 놀잇감을 제공하더라도 유아가 놀이에 얼마나 활용할 수 있는지는 또 다른 문제이다. 그러나, 자유선택활동 시간에 여러 영역의 놀잇감을 함께 가지고 놀 수 없도록 하는 것은 유아가 자유롭게 놀이할 기회를 제한하는 것이 될 수도 있다.[57] 마찬가지로 성인이 중요하다고 판단하는 특정 영역 위주의 놀이 환경을 조성하는 것도 놀이에서의 유아의 자유를 한정짓는 것이 될 수 있음을 유념해야 한다. 나아가 성인에 의해 제공되는 특정 영역에 대한 몰입식 교육을 하는 경우에는 유아가 다양한 영역에서 놀이할 자유를 원천적으로 차단해 버릴 수 있다.

그 다음으로 교육과정이 다양하게 구성되거나 통합 주제가 적절한 시기마다 변경되어 유아가 다양성을 경험할 수 있도록 해야 한다. 교육과정의 구성은 결국 놀잇감의 차이로 이어질 수 있기 때문이다. 유아의 놀이에서 자유가 보장되기 위해서는 다양한 경험이 가능하게 하는 놀이 환경을 만들어주는 것이 가장 중요하다. 물론 놀잇감이 많다고 놀이가 자유로워지는 것은 아니다. 환경의 다양성이 놀잇감의 종류와 양이 많고 적음을 의미하는 것 역시 아니다. 과거에는 유아들이 자유롭게 뛰어놀 공간이 충분하였고, 주변에서 여러 자연물들을 가지고 놀 수 있었으나 요즈음 아이들은 놀이 공간, 같이 놀 친구, 주변에서 흔히 볼 수 있었던 자연물조차 찾기 쉽지 않다. 결국 이러한 환경적 제약 때문에 놀잇감을 적절하게 구성할 필요가 있다. 여기에서 의미하는 환경의 다양성은 놀이 환경에서 과도한 제약을 배제하는 것과 놀잇감의 접근성을 충분히 보장하는 것을 의미한다. 앞서 언급한 바와 같이 성인에 의한 인위적인 환경의 제약이 지속되는 경우 유아의 놀이에서 충분한 자유가 보장되었다고 말할 수 없을 것이다.

마지막으로 다양한 사전 경험과 지식의 제공이 필요하다. 사전 경험과 지식은 유아가 직접 경험 및 간접 경험 등을 통해서 습득할 수 있다. 주변에서 볼 수 있는 다양한 공간에 대한 경험, 그리고 책과 영상물을 통해서 경험을 넓힐 수 있다. 탐구하고자 하는 주제와 관련된 직업을 가진 사람을 만나 인터뷰를 하고 대화를 나누는 사회적 경험은 유아의 사회극놀이에서 역할을 구체화하고 놀이의 내용을 확장시키는 데 도움이 된다.[58] 제한된 경험은 경직된 사고로 이어질 수 있다. 이러한 사고의 억압은 놀이의 확장을 방해한다.

닫는 글

본 장에서는 아동기라는 개념의 발견이 사회와 가족구조의 변화에 의해 가능하였고, 아동기의 존재와 중요성에 대한 사회적 관심과 집단정신자세가 형성되면서 유아의 놀이에 대한 인식도 변화하였다는 것을 보여주었다. 근대 이후 아동의 발견은 유아 놀이의 개념화와 구성으로 이어졌다. 아동이 성인과 구분 없이 인식되었던 시대에는 성인의 놀이와 구별되는 개념으로서의 유아 놀이의 독특성이 인정받지 못하였다. 그러나 사회가 변화함에 따라 성인기와는 구별되는 시기로서 아동기를 의식하게 되고, 이에 따라 유아 놀이의 특수성과 중요성이 사회적으로 주목받기 시작하였다. 더욱이 하위징아는 인간은 놀이를 통해 완전해진다는 놀이 이론을 제시하면서 놀이를 자유 그 자체로 개념화하였다. 아동과 놀이에 대한 이러한 인식과 개념의 역사적 변화과정은 우리가 당연하게 바라보는 것들이 사회문화적 구성물일 수 있음을 방증한다.

놀이는 자유 그 자체이다. 언제든지 원할 때 그만둘 수 있고 자발적으로 참여한다는 측면에서 자유란 놀이의 본질에 속한다. 동시에 놀이의 자유는 구속을 동반한다. 이런 점에서 자유는 이중적인 의미를 갖는다. 무한한 방종이 아니라 자유 의지에 의한 자발적 구속과 그로 인한 자기통제의 경험이 놀이에서의 자유에 뒤따른다. 또한 놀이에서 시간과 공간의 경계가 허물어지고 오히려 시간과 공간이 확장된다. 유아는 놀이에서 현실 세계의 시간과 공간으로부터 독립된 시간과 공간을 확보하며 더 나아가 시간과 공간의 무한한 확장을 경험할 수 있다.

그러나 오늘날 유아들이 얼마나 자유롭게 놀이하고 있는지에 대해서 생각해 볼 필요가 있다. 놀이 환경과 놀잇감에 대한 성인의 구조적 제한의 범위와 정도가 클수록 유아는 놀이를 통해 체화된 자유를 경험하기 어렵다. 유아 입장에서 구성된 놀이 시간과 공간, 그리고 다양한 사전 경험의 제공이 필요하다. 유아들을 위한 놀이 환경을 조성함에 있어서 놀이의 기본 속성인 자유와 즐거움이 우선 가치로 강조될 필요가 있다. 그리고 유아의 상상력에 기여할 수 있는 다양한 사회적 경험과 지식의 제공은 유아의 놀이에서 자유로움을 더욱 증폭시키는 힘이 될 수 있다. 상상력은 완전한 무에서 유를 창조하는 것이 아니라 사전 경험과 지식을 통해 확장될 수 있다. 사전 경험과 지식은 상상력을 촉진시키는 연료의 역할을 할 수 있기 때문에 유아들의 경험의 장을 확대시켜야 한다. 따라서 유아의 상상력을 자극시켜 줄 수 있는 사회적 경험과 지식의 구축을 위한 성인의 적절한 개입도 요구된다.

마지막으로 아동의 놀 권리에 대해 다시 생각해 보자는 이야기로 마무리하고자 한다. 유아의 놀이할 권리는 유아가 누려야 할 기본권이다. 유엔의 아동권리협약 31조에 유아의 놀 권리(child's right to play)를 다음과 같이 명시하고 있다. 첫째, 당사국은 휴식과 여가를 즐기고, 자신의 연령에 적합한 놀이와 오락 활동에 참여하며 문화생활과 예술에 자유롭게 참여할 수 있는 권리를 인정한다. 둘째, 당사국은 문화적 · 예술적 생활에 안전하게 참여할 수 있는 아동의 권리를 존중하고 촉진하며, 문화, 예술, 오락 및 여가활동을 위한 적절하고 균등한 기회를 제공하도록 권장해야 한다.

이처럼 유아가 충분히 놀이할 자유를 권리로서 보장받아야 하지만 현실은 그렇지 않다. 지금까지 많은 연구에서 우리나라 유아 놀이 실태의 문제점을 보고해 왔다.[59] 우리나라의 아이들은 유아기부터 사교육에 상당한 시간을 할애하며 주로 집 안에서 놀이하는 경우가 많아 실외 놀이가 부족하고 다양한 공간 활용이 낮은 것으로 나타났다.[60] 영유아 사교육 시장이 점차 확대되면서 이른 나이부터 자유롭게 뛰어 노는 시간보다는 앉아서 교육을 받는 시간이 현저하게 증가하였다.[61] 이는 유아가 놀이할 권리와 자유를 충분히 보장받고 있지 못한 현실을 반영한다.

해외에서는 아동의 놀이할 권리를 보장하기 위한 여러 제도를 마련해 놓았다. 잉글랜드는 아동의 계획이라는 정책을 통해 유아가 인종, 사회경제적 지위, 학력, 종교, 장애 등의 이유로 놀이에 있어서 차별받지 않고 자유롭게 놀 수 있는 권리를 행사

할 수 있도록 한다. 게다가 공적 놀이 공간 개발을 위하여 3,500개의 놀이 공간을 개발하였다.[62] 아동 친화적 놀이 공간을 구성하기 위하여 놀이터를 설계할 때도 아동들의 목소리를 반영하는 등 아동의 놀이할 권리를 지켜주기 위한 국가적 노력이 지속되고 있다. 또한 아동의 놀이를 향상시켜주고 놀이 공간을 만들어주는 역할을 하는 놀이활동가(play worker)라는 직업을 만들어서 전문가로서 인정하고 있다. 아일랜드의 경우 중학교 졸업 후에 통합적인 놀이를 일 년 동안 할 수 있는 과정이 있다. 이러한 전환 학년제의 일 년간 아동들은 각종 야외 활동과 실습 등에 참여하며 교실 안에 앉아서 하는 교육에서 벗어나서 좀 더 자유로운 활동에 참여할 수 있다. 또한 매년 7월 첫 번째 일요일을 '놀이의 날(Play Day)'로 지정하였다.

OECD 국가들 중 우리나라 아동의 행복지수는 최하위 수준을 기록하였고, 놀이 시간 또한 가장 적은 것으로 보고되었다. 과도한 사교육과 놀이 공간의 부족 등의 문제를 안고 있는 국내 현실을 고려할 때, 유아들의 놀이할 권리를 적극적으로 보호하려는 정책적 노력이 요구된다. 김명순(2018)은 유아의 놀 권리를 보장하기 위한 방안으로 놀이친화도시(Play Friendly Cities)의 확대와 공적 담당자들을 대상으로 한 놀이 가치와 놀이할 권리의 중요성에 대한 지속적인 교육을 제안하였다.[63] 유아에게 놀이는 자유이자 삶 그 자체이기 때문에, 놀 권리를 누리지 못하는 아이들은 삶의 자유를 박탈당한 것이나 다름없다.

생각해 봅시다

1. 구조화된 놀이와 비구조화된 놀이 각각에서 경험하는 자유는 어떻게 다른가?

2. 유아가 스스로 탐구하고 발견해가는 놀이 활동에서 자유 놀이가 가능하다면 성인은 자유를 침해하지 않는 선에서 어떻게 개입해야 하는가?

한 번 더 읽어볼 만한 책

1. 장 자크 루소 (2007). **에밀**. (이용철, 문경자 역). 파주: 한길사.

2. 필립 아리에스 (2003). **아동의 탄생**. (문지영 역). 서울: 새물결.

참고 문헌

1) 송현숙 (2014.2.25.). 놀이는 아이에게 '자유' 부모에겐 '즐거움.' 경향신문. http://news.khan.co.kr/kh_news/khan_art_view.html?art_id=201402252151515에서 인출

2) EBS (2012.6.27.). 놀이의 반란 3부 '놀이에 대한 생각을 바꾸다.'

3) Ariès, P. (2003). **아동의 탄생**[*Centuries of childhood: A social history of family life*]. (문지영 역). 서울: 새물결. (원저 1962년 출판)

4) 1)과 동일

5) 이기훈 (2007). 근대 아동과 가족은 어떻게 형성되었는가? **청소년시설환경, 5**(4), 171-174.

6) 3)과 동일

7) Jenks, C. (1982). Introduction: Constituting the child. In C. Jenks, (Ed.), *The sociology of childhood* (pp. 9-24). Batsford: Academic and Educational Ltd.

8) Gaskins, S., Haight, W., & Lancy, D. F. (2007). The cultural construction of play. In Göncü, A., & Gaskins, S. (Eds.), *Play and development: Evolutionary, sociocultural, and functional perspectives* (pp. 179-202). Mahwah, NJ: Erlbaum.

9) 1)과 동일

10) 주명철 (2004). 아동의 탄생: 필립 아리에스. **역사와 문화, 8**. 195-204.

11) Huizinga, J. (2018). **호모 루덴스**[*Homo Ludens*]. (이종인 역). 서울: 연암서가. (원저 1938년 출판)

12) 7)과 동일

13) 10)과 동일

14) Kant, I. (2009). **판단력 비판**[*Kritik der Urteilskraft*]. (백종현 역). 서울: 아카넷. (원저 1790년 출판)

15) Schiller, F. (2012). **인간의 미적 교육에 관한 편지**[*Über die ästhetische*

Eraiehung des Menschen in einer Reihe von Briefen]. (안인희 역). 서울: 휴머니스트. (원저 1795년 출판)

16) Bolz, N. (2017). **놀이하는 인간**[*Wer nicht spielt, ist Krank*]. (윤종석, 나유신, 이진 역). 서울: 문예출판사. (원저 2014년 출판)

17) Nagel, M. (1988). Play in culture and the jargon of primordiality: A critique of Homo Ludens. *Play & Culture Studies, 1*, 19–30.

18) 김재철 (2013). E. 핑크의 놀이존재론(II)–실존범주로서의 놀이. **존재론 연구, 32**, 189–216.

19) Dewey, J. (1911). Play. In P. Monroe (Ed.), *A cyclopedia of education* (pp. 725–727). New York: Dutton.

20) Fink, E. (2012). Oasis of happiness: Thoughts toward an ontology of play. *Purlieu: A Philosophical Journal, 1*(4), 20–42.

21) 고봉만, 황성원 (2016). **루소, 교육을 말하다.** 파주: 살림출판사.

22) Gray, P. (2011). The decline of play and the rise of psychopathology in children and adolescents. *American Journal of Play, 3*(4), 443–463.

23) 9)와 동일

24) 16)과 동일

25) 11)과 동일

26) 11)과 동일

27) Caillois, R. (2014). **놀이와 인간**[*Les jeux et les hommes*]. (이상률 역). 서울: 문예출판사. (원저 1958년 출판)

28) 이선형 (2014). 놀이로서의 연극: 〈고도를 기다리며〉의 경우. **드라마연구, 43**, 143–169.

29) 배진섭 (2014). 전통적 개념으로서의 놀이와 놀이성에 대한 고찰. **역사민속학, 45**, 193–227.

30) 10)과 동일

31) O'Connor, B. (2014). Play, idleness and the problem of necessity in Schiller and Marcuse. *British Journal for the History of Philosophy, 22*(6), 1095–1117.

32) 11)과 동일

33) 21)과 동일

34) Dewey, J. (1938). *Experience and education*. New York: Macmillan.

35) 30)과 동일

36) 30)과 동일

37) 7)과 동일

38) 16)과 동일

39) 11)과 동일

40) Larson, L. J. (2015). Play and space: Towards a formal definition of play. *International Journal of Play, 4*(2), 175–189.

41) Hannikainen, M., Singer, E., & van Oers, B. (2013). Promoting play for a better future. *European Early Childhood Education Research Journal, 21*(2), 165–171.

42) 7)과 동일

43) 21)과 동일

44) Zittoun, T., & Cerchia, F. (2013). Imagination as expansion of experience. *Integrative Psychological and Behavioral Science, 47*(3), 305–324.

45) 7)과 동일

46) 13)과 동일

47) Vygotsky, L. S. (1980). ***Mind in society: The development of higher psychological processes***. Cambridge, MA: Harvard University Press.

48) Hedegaard, M. (2016). Imagination and emotion in children's play: A cultural–historical approach. *International Research in Early Childhood Education, 7*(2), 59–74.

49) Maslow, A. (1943). A theory of human motivation. *Psychological Review, 50*(4), 370–396.

50) 편해문 (2015). **놀이터, 위험해야 안전하다**. 서울: 소나무.

51) 신은수 (2002). **놀이와 유아**. 서울: 이화여자대학교 출판사.

52) 47)과 동일

53) 47)과 동일

54) 김희진 (2017). 놀이의 관점에서 본 자유선택활동에 대한 비판적 분석. **육아지원연구, 12**(3), 5–23.

55) 47)과 동일

56) 47)과 동일

57) 50)과 동일

58) 47)과 동일

59) 김명순 (2018). 아동의 놀이할 권리 보장을 위한 정책과제. **보건복지포럼, 259,** 57–75.

60) 김은영, 최효미, 최지은, 장미경 (2016). 영유아 사교육 실태와 개선 방안 II: 2세와 5세를 중심으로. 육아정책연구소.

61) 60)과 동일

62) 59)와 동일

63) 59)와 동일

놀이와 사회성:

CHAPTER 2

놀면서 배우는 도덕적 가치

놀이와 사회성: 놀면서 배우는 도덕적 가치

여는 글

최근 장난감을 새롭고 재미있는 방식으로 가지고 노는 아이 혹은 어른의 동영상이 전 세계적으로 많은 인기를 끌고 있다(일명 toy unboxing videos). 동영상에 등장하는 장난감은 대부분 상업용이며, 유아들은 다른 사람들의 놀이에 대해 열광적인 반응을 보내고 있다. 이들은 다른 아이가 놀이하는 장면이나 놀이방식뿐 아니라, 그 아이가 장난감 상자를 선물 받는 순간, 포장상자를 열 때, 그 장난감을 꺼낼 때 느끼는 환희의 순간을 모두 함께 경험한다. 21세기의 유아들은 타인의 놀이를 보는 놀이를 하고 있으며 이를 통한 흥분과 대리적 쾌감을 느낀다. 미디어의 발달로 인하여, 유아들이 유희를 추구하며 즐기는 방식이 과거보다 다양해졌지만, 안타깝게도 여기에는 어떠한 상호작용도 없다.

그림 2-1
Pieter Bruegel, 어린이들의 놀이(Children's game, 1560)
빈 미술사박물관 소장

시간을 거슬러 가보자. 약 460여 년 전에 그려진 브뤼겔(Pieter Bruegel)의 '어린이들의 놀이'에는 약 아흔 개의 놀이가 표현되어 있다. 굴렁쇠, 기차놀이, 술래잡기, 말뚝박기, 물구나무서기, 철봉놀이, 팽이치기 등 어린 시절 누구나 한 번쯤 해보았을 놀이들이 가득 묘사되어 있다. 지금처럼 세련된 놀잇감은 없지만 작품 속 아이들은 각자의 놀이에 매우 즐겁게 심취해 있는 듯하다. 우리가 이 많은 놀이를 어린 시절에 모두 알고 있었으며, 또, 이 많은 놀이를 했었다는 사실이 새삼 놀랍다. 물론, 현재에도 이러한 놀이들이 존재한다. 그렇지만, 현대의 어린이들은 과거보다 혼자놀이를 더 즐기고 있는 듯하다.[1]

누군가와 함께 놀이한다는 것은 여러 신체적 · 정신적 능력을 요구한다. 앞 친구의 허리춤을 잡고 놓치지만 않으면 되는 기차놀이, 고도의 집중력과 알맞은 근력으로 지속적으로 때려줘야 하는 팽이치기, 상대의 시야를 피해서 숨어야 하는 술래잡기(술래잡기는 대단한 관점조망능력을 가져야 한다) 등 모든 놀이에는 특정 능력과 기술이 요구된다. 또한, 친구와 싸워서 울며 집에 갔던 기억, 술래에게 들킬까 가슴 콩닥이며 계단 밑에 숨었던 기억 등 유아는 놀이 속에서 희로애락을 경험하며, 이를 통해 타인과 어울리는 방법을 알아간다. 유아는 놀이 도중 많은 결정의 순간에 부딪힌다. 유아는 자신의 바람과, 현실 속 제약 사이에서 갈등하며, 이 갈등을 사회적으로 바람직한 방향으로 마무리 지어야 한다는 것을 안다. 타인, 그 중에서도 자신과 대등한 또래와 함께 놀이하는 것은 유아의 사회성 발달과 도덕개념 형성에 매우 중요한 역할을 하게 된다.

놀이가 어린이의 사회, 정서, 인지 발달에 매우 중요한 역할을 한다는 점은 일찍이 피아제, 에릭슨, 비고츠키와 같은 발달심리학자의 공통된 주장이었다. 이는 많은 연구들을 통해 증명되어 왔다. 실제로 놀이의 질은 아이의 정서이해, 정서조절 기술[2][3]과 관련이 있으며 공감[4], 조망수용[5], 또래수용[6] 등과 관련이 있다. 놀이가 유아의 사회성 발달에 기여하게 되는 이유는 놀이 안에서 일어나는 또래 간 상호작용 때문이다. 상호작용은 유아가 상대 유아의 생각과 관점을 이해할 수 있게 해주고, 자신이 방금 깨우친 것을(상대 유아의 관점, 기분 등) 현재 진행 중인 상호작용에 바로 적용할 기회를 주기 때문에, 사회적 유능성을 키우는 데 직접적인 영향을 미친다.

본 장에서는 놀이와 유아의 사회성, 도덕성 발달과의 관련성을 구체적으로 살펴보고자 한다. 특히 놀이의 필수적 요소인 규칙을 중심으로 하여, 규칙으로 인해 발생되는 긴장과 갈등, 그리고 이것을 해결하는 과정에서 발현되고 발전하게 되는 개인의 사회 · 도덕적 측면에 대해 이야기할 것이다.

놀이와 규칙

놀이의 필수조건: 규칙

"All play has its rules."[7] (11쪽)

놀이는 규칙의 체계다. 놀이는 또래와의 상호작용이 일어나는 매우 중요한 장으로서, 특정 시간과 공간 내에서 벌어지며 '규칙을 지닌' 자발적 행동 혹은 몰입행위다.[8,9] 유아가 일단 놀이하기로 결심했다면, 놀이 내에서 그동안 정해져 오던 규칙을 따르는 것은 필수적이다. 놀이규칙이 언제부터 정해져왔는지, 누구에 의해 결정되었는지 알기는 어렵다. 이러한 규칙들은 예로부터 왔을 수도, 누군가에 의해 약간씩 바뀌어 왔을 수도, 또한 지역에 따라 다를 수도 있다. 그러나, 규칙을 준수하지 않으면 놀이라는 가상의 세계 자체가 깨져버리고 현실로 돌아오게 된다. 모두에게 주어진 일시적인 세계를 깨뜨리는 것은 놀이참여자들 사이에서 가장 나쁘게 여겨진다. 그래서, 규칙을 위반하는 자는 속임수를 쓴 사람보다 더 나쁘다. 속임수를 쓰는 사람은 그래도 게임을 지속시키고자 하는 의지를 지니고 있으며, 이것은 마법의 원(매직서클)을 인정하겠다는 태도를 보여주는 반면 규칙을 준수하지 않는 사람은 놀이로부터 그 환상(illusion)을 빼앗아버리기 때문이다.[10]

이는 놀이의 어원에서도 나타난다. 'in play'는 inlusio, illudere, inludere와 같은 뜻으로 모두 환상(illusion)을 뜻한다.[11] 말하자면 환상을 깨는 자는 놀이 자체를 부정하는 자다.

놀이에서는 규칙을 준수하지 않으면 그 세계에서 쫓겨난다. 어떤 아이가 게임에 들어와 놀이를 망쳐놓을 때 다른 아이들은 그 이유를 묻지 않는다. 이 놀이가 두려운 것인지, 싫은 것인지, 아픈 것인지 그 아이의 사정에는 관심이 없다.[12] 그저 '하기 싫은 것'으로 간주된다. 놀이를 하면서 툴툴대는 아이에게 흔히 하는 말은 "하기 싫으면 그냥 빠져."다. 그 아이의 참여권을 빼앗음으로써 놀이를 존속시킨다. 게임을 망치는 자에게는 징벌(예: '너는 끼지 마.')이 따르며 그 대가를 알려주는 것이 합당하다고 생각한다.[13]

모든 놀이에는 어느 정도의 규칙이 존재하나, 놀이의 유형에 따라 규칙이 두드러지기도, 그렇지 않기도 하다. 또한, 놀이는 자신의 의지로 결과를 통제할 수 있는 것과 그렇지 않은 것이 존재한다. 카이와(Roger Caillois)는 놀이의 속성은 매우 다양하다고 주장하며, 놀이하는 자의 의지와, 체계화된 규칙의 유무에 따라 놀이의 차원을 구분하였다(그림 2-2). 카이와는 하위징아(Johan Huizinga)가 제안한 경쟁(아곤)에 기초한 놀이개념을 확장하여 경쟁, 운, 모방, 현기증 중 어느 요소가 지배적인가 따라 놀이를 아곤(Agon: 경쟁놀이), 알레아(Alea: 우연놀이), 미미크리(Mimicry: 모방놀이), 일링크스(Ilinx: 현기증놀이)의 네 가지로 분류하였다. 먼저, 아곤(Agon: 경쟁놀이)은 놀이참여자들이 서로 싸우도록 설정된 놀이다.

경쟁하여 이기겠다는 굳은 의지와 놀이를 유지하고 승패를 가르는 철저한 규칙이 존재한다. 모든 유형의 스포츠가 이에 속한다. 알레아(Alea: 우연놀이)는 놀이참여자의 의지와는 관련 없이 운에 맡겨야만 하는 놀이로서 주사위, 복권, 룰렛, 제비뽑기 등이 속한다. 미미크리(Mimicry: 모방놀이)는 자기가 아닌 다른 존재라고 믿으면서, 그 존재를 모방하는 것이다. 자신의 인격을 일시적으로 의도적으로 바꾸며, 규칙이 두드러지지 않는 놀이로서 가면무도회, 소꿉장난 등이 속한다. 일링크스(Ilinx: 현기증놀이)은 자신이 통제할 수 없는 현기증을 일으키는 놀이를 말한다. 일시적으로 가슴졸임, 흥분, 얼떨떨함을 불러일으킴으로써 쾌감과 황홀상태에 빠져들게 하는 놀이들로, 그네, 롤러코스터, 회전목마, 팽이치기 같은 것이 속한다.[14] (반면 하위징아는 운과 현기증을 일으키는 놀이는 사행성으로 간주하여 비문화적 놀이로 여겼다.[15])

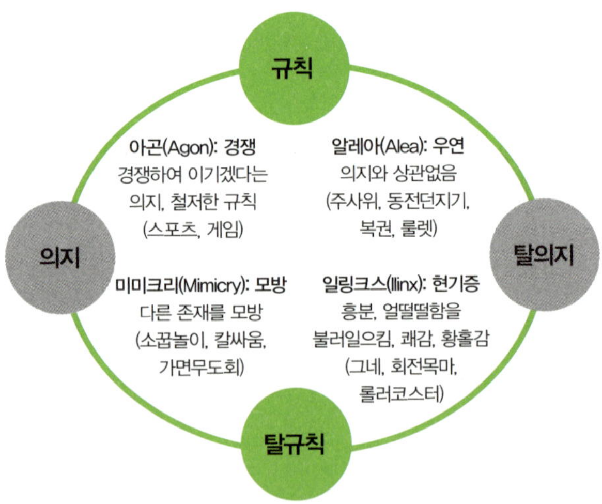

그림 2-2 카이와의 분류에 따른 놀이의 4 유형
(출처: 안상혁 (2004). 로제 카이와의 놀이론을 통한 온라인 게임 고찰. 디자인학연구, 55, 119-126에서 발췌 및 재구성.)

유아들이 하는 놀이에는 이 모든 유형이 존재한다. 카이와의 놀이유형에서 규칙이 두드러지는 놀이는 경쟁놀이와 우연놀이지만, 현기증놀이를 빼고는, 규칙 혹은 의지가 반영되어 있으며 함께 할 상대를 필요로 한다. 때로 유아들 수준에서 이루어지는 현기증놀이에서도 아곤(경쟁) 혹은 체계화된 제도나 높은 수준의 규칙은 나타나지 않지만, 놀이를 지속시키고자 하는 최소한의 규칙은 존재한다.* 예를 들어 놀이터의 회전무대(일명 뺑뺑이)를 돌릴 때에도 몇 바퀴를 누가 먼저 돌릴 것인지, 어지러움을 끝까지 버틴 사람에게 어떠한 권리를 줄 것인지 등에 대한 규칙이 존재할 수 있다. 실제로 '그네를 누가 먼저 탈 것인가', '한 번 타는 동안의 시간은 어떻게 할 것인가' 등과 같은 문제는 유아들에게 꽤나 중요한 규칙이며 이로 인한 갈등이 빈번히 발생한다. 그리고 이러한 규칙 만들기는 성장할수록 더욱 복잡하고 첨예해지며, 점차 놀이 자체보다는 규칙 만들기에 시간을 더 쓰기도 한다. 유아는 아동, 청소년으로 성장할수록 더 고도화된 규칙을 적용하며 규칙 있는 게임(game with rules)을 더 많이 즐기게 된다. 아곤의 성격을 지닌 규칙 있는 게임은 할 수 있는 것과 할 수 없는 것을 엄격하게 구분해 놓는다. 규칙은 게임 시작 이전에 모든 구성원들의 동의를 얻어야 한다. 게임 도중에 규칙을 임의로 변경하는 행위는 게임에 방해가 된다. 게임의 규칙은 게임에 참여하는 유아들의 행동을 형식화, 제도화한다. 반면 소꿉놀이나 역할놀이,

* 카이와는 아곤과 일링크스는 결합이 불가능한 조합이라고 하였지만 본 장에서 일컫는 규칙은 비단 제도화된 스포츠 경기의 룰(rule)뿐만 아니라, 놀이를 가능케 하는 최소한의 원칙이나 조건까지 포함한다.

가장놀이, 사회극놀이는 놀이도중에 규칙을 자의적으로 변경해도 놀이에 큰 타격을 입지 않는다. 이러한 놀이는 유아들 각자가 역할을 분담하고 그 역할을 어떻게 수행할 것인지에 대한 최소한의 규칙이 존재하지만 그 외에 특별한 규칙은 존재하지 않는다.[16] 또한, 놀이가 이루어지는 가상의 세계(make-believe world)에서 줄거리나 구성은 놀이 중간에 어떠한 방식으로든 변경될 수 있어 유아들로 하여금 놀이의 융통성과 유연함을 즐길 수 있게 한다.

자율성: 내면화된 가치

놀이에는 강제성과 자율성이 함께 작용한다. 유아가 놀이하기를 결정했다면, 그 다음부터는 규칙을 따를 것인지, 따르지 않을 것인지에 대한 선택의 여지가 없다. 놀이를 하든가 처음부터 발을 들이지 말든가 둘 중 하나다. 그 중간은 없다. 여기서 놀이가 유아에게 부여하는 자율성과 책임감의 발달이 시작된다. 일반적으로 도덕교육에 있어서는 어떠한 것이 옳고 그른지 먼저 제시된 후, 그것을 따를 것이 요구된다. 그러나, 놀이에서는 그 순서가 거꾸로 일어난다.[17] 놀이를 먼저 선택한 후, 그 선택에 대한 책임이 따르기 때문에 놀이는 유아의 자율성 발달에 매우 유용한 장을 제공한다. 자율성은 여타 다른 도덕개념을 발달시키게 되는 기본적 바탕이 되기에 도덕교육에서 가장 근본적으로 여겨

진다. 이것은 현재 행해지고 있는 가치주입식 도덕 · 인성교육 방법을 되돌아보게 한다.[18)]

그렇다면, 유아에게 규칙은 무엇이며, 어떠한 당위성을 주는 것일까. 유아는 규칙을 어떻게 인식하기에, 놀이를 하면서 꼭 지켜야 하는 것이라고 생각하게 되는 것일까. 일찍이 피아제는 놀이 규칙이 유아의 인지적 발달, 그 중에서도 도덕적 영역에서의 인지발달에 기여함을 보여주었다. 그는 유명한 구슬놀이(marble game) 실험을 통해 어른의 도움 없이 어린이들에 의해 놀이 규칙이 만들어지고, 지켜지며, 수정, 발전되고 있는 것을 발견하면서, 자율성이 왜 도덕발달의 기틀이 되는지를 보여주었다.[19)]

피아제가 놀이 규칙에 대한 인식을 알아보기 위해 유아 및 아동에게 "구슬치기 중에 왜 속이면 안 되니?"라고 물었을 때 어린이들의 대답은 4가지 유형이었다. 첫째, 금지된 것이니까, 둘째, 놀이규칙을 위반하니까, 셋째, 협동을 불가능하게 하니까, 마지막으로 평등에 반하기 때문이라는 응답이었다.[20)] 나이가 들어갈수록 세 번째와 네 번째의 대답 비율이 높았으며, 어릴수록 첫 번째와 두 번째 대답이 높았다. 피아제는 이를 통해 유아, 아동이 규칙에 대해 어떻게 인식하는지(규칙 의식 단계)를 3단계로 구분하였다(표 2-1 참조).[21)] 1단계는 비강압적(not coercive) 단계로서 규칙을 있는 그대로 무의식적으로 받아들이며, 그저 하나의 흥미로운 것이라 생각하여 규칙을 반드시 지켜야 하는 강압적인 것으로 생각하지 않는다. 2단계는 신성불가침(sacred and untouchable) 단계로서 규칙은 어른들이 정한 것으로, 영원한 것이며 신성하여 고칠 수 없는 것으로 인식한다. 규칙을 변경하려는 행동은 규칙을 어기는 것이나 다름없으므로 나쁘다고 여긴다. 3단계, 상호동의(mutual consent) 수준에서는 규칙이 예부터 변함없이 전해져 온 것은 아니라고 생각한다. 규칙은 서로 간의 동의를 바탕으로 만들어진 법칙으로 그것을 사용하는 사람들(성인뿐 아니라 어린이도 포함됨)에 의해 점점 바뀌어 온 것으로 생각한다. 그리하여, 규칙은 존중되어야 하지만, 사람들이 허락하면 자신이 변경할 수도 있다고 생각한다.[22] 즉, 유아는 규칙에 대한 의식이 없는 단계에서, 무조건적으로 수용하는 단계, 그리고 상호협의에 의한 단계로 규칙의 의미를 발전시키게 된다.

표 2-1 피아제가 제시한 도덕성 발달 및 규칙 의식 단계

도덕성 발달	규칙 의식 단계
타율적 도덕성: 물질적인 결과에 의해 도덕성을 판단(도덕 실재론)	1단계: 비강압적 단계 (0-2세)
	2단계: 신성불가침 단계 (3-8세)
자율적 도덕성: 행위자의 의도를 고려하여 판단하며 규칙은 상호협동에 의해 바뀔 수 있음(도덕 상대주의)	3단계: 상호동의 단계 (8세 이후)

평등, 정의와 같은 도덕 개념을 보여주는 수준은 3단계부터다. 피아제는 1, 2단계를 타율적 도덕성(heteronomous morality), 3단계를 자율적 도덕성이라 불렀다(autonomous morality). 앞서 제시된 구슬치기 규칙에 대한 유아들의 대답들 중 첫 번째, '금지된 것이니까' 두 번째, '규칙을 위반하니까'라는 대답은 타율적 도덕성, 세 번째, '협동을 어렵게 하니까', 네 번째, '평등에 반하기 때문'이라는 대답은 자율적 도덕성의 단계에 속한다. 타율적 도덕성은

외부의 권위에 복종하며 규칙을 위반하면 어른, 부모, 교사, 신으로부터 벌을 받는다는 생각을 지닌다. 자율적 도덕성의 단계는 외부의 권위에 의해 행동, 판단하기보다 규칙이 위반되었더라도 행동의 동기나 의도를 고려한다. 만일, 외부의 명령이 잘못되었다면, 자신의 내면화된 도덕적 규칙에 근거하여 이를 거부할 수 있는 자율적 의지를 의미한다. 피아제는 6~9세의 많은 아이들은 타율적 도덕성의 단계로서, 이 나이대가 넘어가야만 자율적 도덕성이 발달한다고 하였다.

그렇다면 유아는 도덕규칙을 아직 내면화하지 못하는 비도덕 혹은 무도덕적인 존재인가? 우리는 아주 어린 유아들도 때로 타인을 도우며, 타인의 슬픔에 공감하고, 선생님이 잘못되었다고 '감히' 권위에 맞서기도 하는 경우를 본다. 흥미롭게도 피아제 이후 많은 연구들에서, 아주 어린 유아(2~3세)들도 이러한 개념을 구분한다는 사실이 드러났다. 사회영역이론(Social domain theory)에 의하면, 인간은 어떠한 위반행위가 발생했을 때 각 사건이나 현상의 속성과 유형에 따라 다른 방식으로 판단한다. 인간은 이미 어린 시기부터 도덕적 영역(moral domain), 인습적 영역(conventional domain), 개인적 영역(personal domain)으로 나누어 판단한다. 이러한 영역들은 연속적이 아니라 각각 분리된 채로 동시에 등장하여 발달하게 된다.[23] 예를 들면 초등학생들은 누군가를 때리는 행위는 도덕적인 측면에서 매우 잘못되었다고 대답하였지만, 학교에 잠옷을 입고 간 아이에 대해서는 사회 관습적인 측면에서 틀렸다고 생각한다. 2세 반의 영아들조차 '때려도 된다는 규칙이 있다'고 하더라도, '때리는 것은 잘못되었다'고 응답하였는데, 이는 외부의 권위에 상관없이 스스로의 생각에 의해 잘못되었다고 여기는 '자율적 도덕성'의 상태를 보여준다.[24]

피아제의 연령구분에 대해서는 논란이 있으나, 피아제가 제시한 자율성 신장을 통한 규칙의 내면화는 유아의 도덕발달을 이해하는 데 기틀이 되고 있음은 부정할 수 없다. 또한 사회영역이론은 영유아들도 충분히 도덕적 존재일 수 있음을, 도덕적 개념을 충분히 인식할 수 있음을 보여주었다. 어떠한 이론이 되었든, 두 이론에서 공통적으로 주장하는 것은 결국 누가 시켜서 하는 것이 아니라 내면의 목소리에 따르는 것, 스스로 옳은 방식을 선택하고 그에 따라 행동하는 자율성이 도덕의 핵심이라는 것이다. 이 점은 성인이 외부에서 부과하거나 주입하는 방식으로는 유아가 스스로 옳게 행동하고자 하는 의지, 즉 자율성을 발달시키는 단계에 이르기 어렵다는 것을 보여준다.

긴장과 갈등

긴장의 유지: 루두스와 파이디아

규칙을 지키면서 놀이를 하는 과정은 긴장의 연속이다. '코끼리 코로 10바퀴 돌기', '한 발로 뛰뛰기'와 같이 정해진 틀 안에서 목적을 달성하고자 하는 행위는 긴장을 불러일으킨다. 코끼리 코를 도는 동안 자세를 흐트러뜨리지 않기 위해, 정해진 발로만

뛰기 위해 정신을 집중시켜야 한다. 하위징아는 긴장을 부정적인 요소로 보지 않았다. 긴장이 없다면 놀이는 금방 시들해지고, 재미도 없어질 것이며 긴장이 싫다면 놀이도 하기 싫을 것이다. 그래서 긴장은 고통이라기보다는 놀이를 유지시키는 요소다. 하위징아는 긴장을 해소시키는 과정에서 즐거움을 느끼고 이를 통해 놀이가 유지되는 것으로 보았다.[25] 긴장이 끝나기를 바라지만 한편으로는 긴장된 상태를 즐기는 아이러니한 상태가 놀이인 것이다.

이것은 카이와가 제시한 파이디아(Paidia)와 루두스(Ludus)를 통해 설명된다. 놀이는 두 가지 원리의 조합에 따라 긴장감과 즐거움이 유지된다. 파이디아는 어원에서 보듯이(그리스어로 놀이라는 의미지만 유희, 어린애 같음이라는 의미가 있음[26]) (37쪽) 놀이를 통해 드러나는 즉흥, 무질서한 흥분, 소란함 등의 원초적인 욕망 등을 일컫는다. 반면, 루두스는 (라틴어로 놀이라는 의미지만, 투기, 시합 경기 등이 그 의미의 기초가 됨[27]) (38쪽) 일부러 장애물과 어려움을 설정하여 그것을 극복하고자 하는 욕구를 의미한다.[28] 바라는 결과에 너무 쉽게 도달하면 그 흥미가 반감되기 때문에, 이유 없는 장애물을 설정해놓거나, 불편한 규율을 만들어 과업을 점점 더 어렵게 만들어 놓는 것이다. 놀이의 긴장은 인간이 의도적으로 만들어 놓은 장치로 인해 발생하는 것이다.

파이디아와 루두스는 서로 다른 유형의 놀이가 결합했을 때 더욱 잘 드러난다. 아곤(경쟁놀이)과 알레아(우연놀이)는 종종 결합된다. 축구경기를 할 때 동전 던지기를 통해 공격과 방어의 순서를 정하는 것이 대표적 사례다. 세계적으로 유명한 오락 게임인 테

트리스에서는 7가지 모양의 블록들을 조합해서 하나의 줄을 채워야 한다. 그러나 블록들이 나오는 순서는 순전히 우연에 의한 것이다.[29] 우연놀이와 현기증놀이도 조합이 가능하다.[30] 주사위를 던져서 3이 나온 사람이 코끼리 코 열 바퀴를 도는 것이다. 아곤에 알레아가 더해지거나, 알레아에 일링크스가 더해지면 이렇게 놀이의 재미를 더해주는데, 이는 놀이에 긴장과 즉흥을 적절히 조화시키기 때문이다.

긴장의 목적은 주어진 과제를 달성하거나, 상대방을 이기는 것이다. 긴장은 무엇인가 어려운 과제를 시도하고 이것을 성공시킴으로써 해소된다. 아곤 혹은 규칙 있는 게임(game with rules)의 경우 보통 상대방보다 더 빨리, 더 많이 과제를 달성해야 한다. 자기 자신과 경쟁을 하든, 상대방과 경쟁을 하든, 실제로 해보기 전에는 승패를 알 수 없으며, 자신이 통제하는 것이 거의 불가능하여 운에 기대야 하는 순간들도 존재한다. 루두스만이 지속되면 지루하고 쾌락이 반감되며, 파이디아만 지속된다면 놀이 결과를 예측하기가 어려워 흥미를 잃을 수 있다. 루두스와 파이디아는 놀이유형에 따라 서로 균형을 맞추는데, 이 상태는 놀이의 흥미와 긴장을 야기시켜 놀이를 지속시키고 목표를 성취하고자 하는 욕구를 유지시켜 준다.

불확실성과 우연성의 수용

루두스와 파이디아로 인하여, 긴장은 불확실성과 우연성을 지닌다.[31][32] 놀이하는 사람은 어떤 것이 추진되고, 자신의 노력이 성공을 거두기를 기대하지만, (파이디아에 의해) 그 기대를 항상 충족시키기가 어렵다는 것 또한 알고 있다. 노력에 비례하여 성공을 예측할 수 있다면 긴장은 언제나 정직한 것이다. 하지만 놀이에서는 그렇지가 않다.

긴장에 내포된 불확실성과 우연성은 이것이 필연적으로 지니게 되는 불운 혹은 실패를 수용하게 한다.[33] 긴장에 내포된 불확실성과 우연성을 어떻게 수용하는가에 따라 놀이하는 사람의 심성이 드러난다. 긴장은 놀이하는 사람의 용기, 지구력, 총명함, 정신력, 공정함, 인내 등을 시험하게 한다.[34]

불확실성과 우연성은 특히 우연놀이, 경쟁놀이 혹은 이 둘이 결합된 놀이에서 매우 높다. 일반적으로 놀이를 할 때 술래는 가장 하기 싫은 역할이다. 하지만 술래를 뽑는 규칙에 따라서 누군가는 술래가 되어야 한다. 가위바위보, 제비뽑기, 엎어라 뒤집어라(데덴찌) 등을 통해 술래를 뽑게 되는데, 이러한 규칙은 개인의 능력이나 노력과는 상관없기 때문에, 술래가 되느냐 되지 않느냐는 그저 운에 맡겨야 한다. 술래가 되더라도 집단의 선택방법과 결과를 받아들여야 하는데 술래가 되기 싫다는 개인의 소망을 놀이 집단이 정한 규칙 아래에 복종시켜야 한다. 이것은 게임을 시작하기도 전에 이미 대단한 사회화 과정이 일어나고 있음을 보여준다.[35]

놀이에 참여하는 자는 경쟁에서 이기고 싶은 강렬한 욕구에도 불구하고 게임의 규칙을 지켜야 한다.[36] (47쪽) 예의를 지키면서 자신의 능력을 발휘해야 하고, 상대방의 실력을 넘어서야 한다. 동시에 상대방을 신뢰하고, 존중하며 특히, 미워하지 말아야 한다. 이러한 모든 것을 지키면서 상대방과 싸워야 한다.[37] 게임 중 화를 내거나 불평을 하는 사람은 신뢰를 잃는다. 모든 게임은 처음부터 새로 시작하기 때문에, 설령 지금 진다고 하더라도, 다음 판에서 잘하면 된다. 따라서 놀이하는 자는 상대를 원망하고 실망하기보다 다음에 더 잘할 수 있도록 노력하는 것이 좋다.[38][39] 필자는 2018년 러시아 월드컵에서 열린 포르투갈과 우루과이의 경기에서 이러한 광경을 목격했다. 포르투갈을 상대로 2골을 넣은 카바니가 종아리통증을 느끼며 쓰러지자 포르투갈의 크리스티아누 호날두는 카바니를 부축해서 벤치로 이동하게 하였다. 유니폼 색이 다른 선수를 경기장 밖까지 부축해주는 장면은 꽤 희박한 일이다. 게다가 지고 있는 팀의 선수가 너그러움을 발휘하기란 쉽지 않다. 그때까지만 해도 서로 이기겠다고 함성을 지르던 관중석에서는 박수가 터져 나왔다. 개인적으로, 그날 경기의 결과보다 호날두의 행동이 강렬하게 남았다. 한 스포츠 스타의 품격을 느끼게 한 장면이었다.

사회적 관계와 갈등

갈등(conflicts)은 긴장과 비슷한 개념으로 연구되기도 한다. 긴장은 불확실하고 위태로우며 내면적으로 평온하지 못한 불균형한 상태인 반면, 갈등은 보다 표면적으로 충돌을 일으키는 행동이나 그러한 상태로 간주된다.[40] 갈등은 어떠한 행동이나 관점에 반대하거나 양립할 수 없는 상태가 명백한, 즉 불일치의 상태를 일컫는다. 때문에, 갈등은 긴장이 표면적으로 드러나거나, 긴장이 진행되고 해소되는 과정에서 나타날 수 있으며, 특히 아곤(경쟁)의 상황에서 더욱 강렬하게 발생할 수 있다. 갈등은 그로 인해 야기될 수 있는 공격성, 지배력, 경쟁, 화 등과 관련이 있으나, 이것이 갈등에 반드시 뒤따라오는 요소들은 아니다.[41]

갈등은 항상 부정적이지도, 그렇다고 항상 건설적이지도 않다. 갈등을 바라보는 관점도 다양한데, 일반적으로 갈등은 스트레스와 분노 같은 정신적 고통을 주고 적대감과 폭력을 야기시킬 수 있어 부정적으로 여겨진다. 반면 구성주의적 관점에서는 갈등을 서로의 차이점을 발견하여 서로를 이해할 수 있으며 관계를 증진시킬 수 있는 기회로 본다.

놀이를 더 잘 해내고 싶은 욕망, 경쟁에서 이기고 싶은 강렬한 욕망은 개인 내, 개인 간 갈등을 불러일으킨다. 개인 내 갈등은 자신에게 유리한 선택을 하는 것과 관련한다. 규칙을 준수할 것인가, 속임수를 쓸 것인가 같은 것이다. 개인 간 갈등은 같은 팀 내에서 일어나는 충돌일 수도 있고, 상대방과의 경쟁에서 일어나는 갈등일 수도 있다. 사실 이 두 가지 갈등은 서로 얽혀 있다. 속임수를 쓸까 말까 망설이는 것은 개인 내적 갈등이기도 하지만, 속임수를 쓰는 행위는 결국 경쟁자와의 갈등을 불러일으키는 것이다.

갈등은 관계의 유형(type of relation)에 따라, 그리고 관계의 질(quality of relation)에 따라 다르게 해결되는 경향이 있다. 먼저, 관계의 유형에 따라 다르게 해결되는데, 친구나 연인관계에서는 앞으로의 관계가 끝날 가능성을 최소화하는 쪽으로 갈등이 다루어지는 반면, 사회적 규칙이나 규약으로 맺어진 관계, 예를 들면 가족이나 같은 반 급우와 같은 관계에서는 관계를 유지시키려는 것보다는 개인적 목적이나 권위자의 의견들이 우선 반영되는 경향을 보인다.[42] 갈등해결에는 다섯 가지 유형이 있는데, 복종, 타협, 거리두기(떨어져 있기), 철회, 제3자의 개입이다.[43] 부모–자녀, 형제, 급우관계는 친구나 연인관계보다 강압이나 복종이 더 자주 일어나는 반면, 가까운 친구들이나, 연인 사이에서는 타협(compromising)이 더 잘 일어난다. 이것은 관계가 깨질지도 모른다는 '불안정성'에서 기인한다. 또한, 평등한 관계에서는 권위자의 의견에 따르기(복종)보다는 협상이 더 많이 활용된다. 즉, 관계를 지속시키고자 하는 욕구와 힘의 균등함이 존재할 때 갈등을 우호적인 방법으로 해결하고자 한다.

두 번째, 갈등해결은 관계의 질에 따라 다르게 나타난다. 지원적인 관계에서는 갈등이 이롭고 건설적일 수 있으나, 적대적인 관계에서는 파괴적이고 해로울 수 있다. 긍정적인 관계에서 적당한 양의 갈등은 갈등이 아주 적을 때보다 오히려 긍정적인 결과를 낳는다. 그러나 같은 빈도로 갈등이 일어났다 하더라도, 관계가 좋지 않은 사이에는 부정적 결과를 동반한다.[44)]

종합해 보면, 적당한 양의 갈등은 서로를 이해할 수 있는 기회를 높여주며, 특히 친밀하고 신뢰할 수 있으며 대등한 관계에서는 갈등이 긍정적으로 해결될 가능성이 높아진다. 그러므로 갈등을 긍정적으로 해결하고 개인의 발달에도 도움을 줄 수 있는 가장 이상적 조건은, 관계를 지속하고자 하는 욕구와 힘의 균형, 그리고 친근함이다. 이 조건은 거의 유일하게도 또래관계에서만 모두 채워진다.

놀이, 또래관계, 도덕적 가치

또래관계 속 긴장과 갈등

유아들은 놀이 속에서 일어나는 긴장과 갈등을 어떻게 다루고 있을까. 유아교사들은 온종일 유아들 사이의 갈등을 중재하고 해결하는 데 많은 시간을 쓴다. 그런데, 여러 연구에 의해 교사에게 오는 유아들의 '민원'은 매우 소수에 불과하다는 점이 밝혀졌다.[45)]

유아들의 또래갈등을 살펴보면, 의견불일치, 소유권으로 인한 분쟁, 제안 거부, 규칙 위반 등에 의한 것이 가장 빈번했다.[46)]

2~3세 영유아들은 놀잇감 소유권에 관한 갈등이 가장 잦았으며, 놀이 방식이나 아이디어에 관한 의견불일치는 4~5세 유아들에게 가장 높은 빈도로 나타났다.[47][48] 이러한 갈등의 대부분은 유아 자신들에 의해 스스로 해결되는 것으로 나타났다. 갈등 상황에서 가장 많이 사용된 전략은 단순히 '아니야.' '싫어.'와 같은 말만 되풀이하는 고집하기(33%), 이유 설명(23%), 제 3자의 개입(9%)이 빈번했다.[49]

또 다른 연구에서는 '고집하기(insistence)' 즉 자신의 뜻을 강하게 주장하는 수준에 따라 갈등에 반응하는 전략을 나누었는데, 양보나 협상을 통해 설명하고 긍정적으로 해결하는 경우(non-insistence)와 자신이 원하는 것을 직접적으로 단호하게 표현하고, 제 3자(다른 유아, 성인)에게 자신의 정당함을 입증하기를 원하는 경우(moderate insistence)가 가장 빈번하였다. 표 2-2 에는 이에 대한 자세한 내용이 나타나 있다. 신체적, 물리적으로 자신이 원하는 것을 강요하는 경우(high insistence)는 대략 16%였다. 그러나 실제로 교사가 개입된 경우는 7.8%에 불과하였다.[50] 종합하자면 유아들은 교사에게 요청하기보다는 자신들 스스로 갈등을 해결하였으며, 공격성을 사용하기보다는, 자신의 요구를 직접적으로 말하거나, 양보나 협상을 통해 평화롭게 맞추어 나가는 방식으로 해결하고 있었다.

표 2-2 고집하기 수준에 따른 갈등의 빈도

고집하기 수준 (Level of insistence)	행동	비율
없음 (Non-insistence)	양보, 협상	37.0%
낮은 수준 (Low insistence)	간접적, 수동적인 저항 (요청을 못 들은 척하기)	4.70%
중간 수준 (Moderate insistence)	자신이 원하는 것을 직접적으로 표현, 제 3자(교사 혹은 또래)에게 자신의 정당함을 주장하고자 함	42.5%
높은 수준 (High insistence)	신체적, 물리적인 힘을 동원하거나, 상대에게 해를 입혀 자신이 원하는 것을 강요	15.5%

출처: Chen, D. W., Fein, G. G., Killen, M., & Tam, H. P. (2001). Peer conflicts of preschool children: Issues, resolution, incidence, and age-related patterns. *Early Education and Development, 12*(4), 523-544. 536쪽에서 발췌 및 재구성.

또래관계에 내포된 관계의 불안정성과 힘의 균등함으로 인해 유아들은 협동과 상호성(mutuality)을 필요로 한다. 나와 비슷한 존재와 지속적으로 상호작용하기 위해서는 상대를 인정하고 상대의 제안에 반응을 해야 하기 때문이다. 그리고 협동과 상호성은 정의, 친절, 타인의 복지에 대한 관심, 우려 등과 같은 도덕적 개념을 배우기 위한 가장 좋은 토양을 제공한다.[51] 반면, 놀이에서 발생하는 긴장이나 갈등에 대처하기 위하여 유아는 몸싸움, 언쟁, 반항, 강요와 같은 공격적인 방법을 사용할 수 있다. 그러나 이 방법은 다음 번 놀이를 지속하는 데는 매우 치명적이다. 앞으로 관계를 잘 유지할 수 있을 것인가는 현재의 갈등을 공감(정서), 인내, 양보, 타협, 이해 등의 친사회적이고 우호적인 방법으로 해결했는가에 달려 있다.

놀면서 배우는 도덕적 가치

도덕성의 획득은 이렇듯 동등한 관계에서의 사회적 상호작용의 과정과 밀접히 연결되어 있다. 그렇다면, 유아들이 놀이 속 갈등을 스스로 해결할 때, 구체적으로 어떠한 말들이 오가며, 어떠한 상호작용이 사회 · 도덕적 발달에 영향을 미치는가? 다음의 두 가지 연구를 통해 이를 설명하고자 한다.

아래의 예는 킬렌(Melanie Killen)과 튜리엘(Elliot Turiel) 연구의 한 장면이다.[52] 이 대화는 약 3세의 유아 3명에게서 관찰된 인형과 관련한 갈등을 묘사하고 있다. 이를 통해 유아들이 놀이 속에서 어떻게 사회적 · 도덕적 규칙을 상호작용을 통해 구성해 나가는지 보여준다. 어린이들은 자신이 원하는 인형을 갖기 위해, 더 나아가 인형을 골고루 나누어 갖기 위해 "협력적 제안"(이거 하면 저거 해줄래)을 가장 흔하게 사용하였으며 "위협"(생일파티에 너 초대 안 할 거야)뿐 아니라 "합의"와 "흥정" 등을 사용하였다.

세 명의 3세 아이들이 탁자에서 작은 장난감을 가지고 놀이 중이다.

A: [두 개의 인형을 쥐며] 얘들아, 나는 초록색 인형을 갖고 싶어. 우리 바꾸면 어때? 여기 너는 이거 가질래? [파란 인형을 B에게 준다] 그리고 나는 초록색 인형 가지면 되지. 그치? [B가 쥐고 있는 초록색 인형으로 손을 뻗는다] (상보성)

B: 안 돼! 우리는 이미 한 번 바꿨잖아. 나는 초록인형이 좋아. 나는 이거 가질 거야, 너는 이미 가졌었잖아.

C: 얘들아, 너희는 둘 다 내 스푼을 가질 수 있어.

A: 싫어. 나는 초록인형이 좋아.

B: 나는 내 거 안 바꿀 거야.

A와 C: [노래를 부르며 따라함] 나는 내 거 안 바꿀 거야.

C: 음. 이건 공평하지 않아. 왜냐면 나는 인형이 한 개도 없잖아. (공정)

B: [A를 향해] 인형 하나 쟤한테 줘.

A: 하지만, 너도 세 개 있고, 쟤는 하나도 없고, 나는 하나 있잖아. 이건 공정하지 않아. (공정)

C: 맞아, 나는 하나도 없어.

A: [B에게] 너 알겠니? 만약 네가 초록색 인형 나한테 하나 주면, 나는 C한테 빨간 것 줄게. 그럼 우리 모두 하나씩 갖게 돼. (공정)

B: 음. 만약 네가 나한테 빨간 인형을 안 주면, 나는 생일파티에 너 부르지 않을 거야.

C: 하지만 나는 하나도 없잖아.

A: 알았어. 내가 너한테 한 개 줄게(C에게). 그리고 나는 B가 가진 것 중에서 한 개 가져올게. 그럼 우리 모두 한 개씩이야, 맞니?

B: [오렌지 인형을 A에게 주면서] 알았어, 하지만 내일 또 바꿀 수 있어?

A: [노래를 부르며] 생일파티! [오렌지 인형을 B로부터 가져가고, 빨간 인형을 C에게 준다]

[다 같이 노래를 부르며] 생일파티!

출처: Killen, M., & Rutland, A. (2011). *Children and social exclusion: Morality, prejudice, and group identity*. John Wiley & Sons. 21-22쪽에서 발췌 및 번역. 도덕적 요소(공정, 상보성)는 저자가 추가표기.

위의 사례에서 보듯이 유아들이 놀이 규칙을 학습하게 되면서 가장 중요하게 생각하는 것은 바로 공정함(fairness)이다. 놀이 안에서는 일단 누구도 억울하면 안 된다. C유아는 지속적으로 '나는 하나도 없다.'라는 말로 호소하고 A, B유아는 이에 모두 공감한다. 결국 C유아가 인형을 하나도 가지지 못했다는 사실은, 인형의 색으로 실랑이를 하던 A, B유아가 인형 개수의 문제로 넘어가게끔 영향을 미쳤다.

또 다른 사례로 데이먼(William Damon)과 킬렌의 연구를 들 수 있다.[53] 그들은 또래 간 상호작용이 5~9세 유아 및 아동의 도덕 발달에 미치는 영향을 연구하였는데, 실험집단 어린이들에게는 공동의 작업(팔찌 만들기)을 하게 한 후, 그 대가로 10개의 사탕을 주었다. 이 사탕을 4명의 아이들이 나누어 갖도록 한 후, 그들이 사탕을 나누어 갖는 모든 과정을 녹화하였다. 단, 사탕은 '팔찌 만들기'에 참여한 어린이들에게 나누어 주어야 한다는 원칙이 제시되었다(사실 10개의 사탕을 4명이 모두 똑같은 개수로 나누기는 불가능하다). 결국 어린이들은 누가 팔찌를 만들었는지의 이슈에서부터 출발하여, 얼마만큼 혹은 몇 개를 만들었어야 사탕을 받을 수 있는지, 조금만 만들었어도 만든 것으로 해 줄 것인지, 나이가 어린 아이에게도 똑같은 개수를 만들어야 한다는 원칙을 적용할 것인지 등, '공정함'의 원칙을 지키기 위해 수많은 토론을 해나갔다. 연구자들은 어린이들이 사탕을 공정하게 나누기 위해 사용한 모든 대화 유형(상호작용의 유형), 타인의 말에 반응하는 방식, 행동 등을 분석하였다. 반면, 통제집단 어린이들에게는 이러한 상황을 가상으로 들려준 후, 어른과 사탕을 분배하는 방식을 이야기하게 하였다. 그 결과, 또래들 간 토론을 한 집단이 어른과 토의한 집단보다 더 높은 수준의 도덕적 추론능력을 보여주었다. 이것은 유아들은 자신의 생활 속에서 직접 경험하는 이슈에 대해 고민할 때, 도덕적 추론능력에 있어서 진일보할 수 있으며, 특히 어른이 아닌 '또래'와 논쟁할 때 그 효과가 크다는 점을 보여준다. 흥미로운 점은 실험집단 내에서도 타인의 의견을 거부하거나, 갈등적인 상호작용을 하는 어린이들은 추론능력이 진보하지 않았다는 것이다. 도덕적 추론능력이 높아진 어린이들은 상대의 아이디어를 받아들이는 과정에서 영향을 받았다. 상대 아이의 의견을 들어본 다음, 자신의 초기 아이디어를 확장시키거나 상대의 의견을 명료화하기 위해 물어보고, 자기 의견과 상대 의견과의 협상을 통해 상대 아이의 아이디어에 건설적으로 동의하고자 하였다. 즉, 자신의 바람과 필요를 다른 아이들의 여론에 맞추어 수정하였다. 결국 '다름'을 인정한 아이들이 긍정적인 변화를 보인 것이다.

두 연구에서 보듯이 유아들은 놀이를 할 때 '똑같은 순간에, 똑같은 인원으로 똑같은 개수로 똑같이 시작해야 한다.'는 차원에서 공정함의 개념을 배운다. 양적인 동일함을 유지하는 것이 공평하다고 생각하지만, 점차 나이가 들수록 자원의 질적인 측면을 고려하게 된다. 더 나아가 유아가 아동기로 접어들게 되면 '팔찌 만들기에 기여한 사람'을 가려내는 것처럼, 혹은 자신보다 어린 유아의 능력을 고려하는 것처럼, 현재의 능력을 고려하여 출발선을 조정해도 괜찮다는 것을 알게 된다. 편 게임에서 인원이 홀수일 경우, 좀 더 잘하는 아이가 있는 편은 한 명이 적어도 수용한다. 우리나라의 놀이에는 '깍두기' 역할이 있다. 깍두기는 아주 잘하는 아이가 되기도, 못하는 아이가 되기도 한다. 예를 들어, 고무줄놀이를 할 때, 못하는 아이는 이편 저편을 다 뛰거나, 아무 편이나 선택해서 들어갈 수 있다. 공기놀이를 할 때에도 손등에 모든 공깃돌을 올린 다음 공중에 띄워 한 번에 낚아채는 '꺾기'를 할 때, 못하는 아이에게는 두 번의 기회를 주기도 한다. 아이들은 그것이 '맞다'고 생각하게 된다. 다리가 불편한 아이는 달리기 할 때 출발선을 조정해주는 것, 어린 유아가 함께 놀 때는 5바퀴가 아닌 3바퀴만 돌아도 괜찮다고 하는 것 등, 약자를 배려하는 마음과 배려하는 기술을 놀이 중에 익히게 된다. 이것은 개인의 사회적 유능성, 도덕 발달이 또래놀이에서 일어나는 긴장 및 갈등해결의 과정과 얽혀 있다는 점을 보여준다.

사회적 유능성과 도덕적 가치

유아가 또래와 함께 하는 놀이에 몰입하고 있다면, 또래와 상호작용을 하며 놀이에 참여하고 있다면, 반드시 사회적으로 유능하고, 이는 도덕적 가치를 발달시키게 되는가? 이 질문에 대한 답은 사회적 유능성(Social competence)과 도덕적 성향은 같은 것인지 살펴보는 데서 찾을 수 있을 것이다. 사회적 유능성이란 긍정적인 관계를 유지하면서 자신의 욕구와 타인의 욕구의 접점을 찾아내는 능력이다.[54] 자신의 요구는 표현하지 못한 채 타인의 요구만을 들어주는 것과 타인의 요구를 완전히 무시하는 행동은 모두 사회적으로 유능한 것이 아니다. 사회적 유능성은 크게 두 가지 기준과 관련한 구인(construct)인데, 첫 번째는 자신이 원하는 목표를 성취하고자 하는 효율적인 면, 두 번째는 타인의 입장과 요구를 고려하는 능력으로 도덕적 측면과 관련한다. 이 두 가지를 모두 갖춰야 사회적 유능성이 있는 것인지, 하나만 갖추어도 유능하다로 부를 수 있는지는 명확치 않다. 진화론적 발달심리학 관점에서는 첫 번째로 보고 있으며, 도덕발달 심리학자들은 두 번째를 사용해 더욱 엄격한 기준을 적용한다. 사회적 유능성은 타인과 관련한 사회적 기술을 활용하는 능력을 포함한다. 분명 타인을 고려해야 하는 면이 들어가지만 도덕성과 동일한 개념은 아닐 수 있다.

유아들의 지배력에 관하여 연구해 온 홀리(Patricia Hawley)의 연구들을 보면 흥미로운 점이 발견된다. 홀리의 연구들에 따르면 또래들 사이에서 놀이의 중심을 차지하는 유아는 항상 친사회적이거나 모범적이지만은 않다. 놀이의 중심을 차지하는 유아들 중 일부는 지배적 성향이 높은데, 자신이 리더 혹은 놀이의 중심이 되기 위하여 다른 유아에게 친절을 베풀기도 하고 명령을 내리거나 이간질, 따돌림과 같은 강압적인 방법으로 자신의 뜻에 따르게 하기도 한다. 즉, 놀이에서 리더를 하는 유아들은 친사회적 전략, 반사회적 전략을 번갈아 가며 상황에 맞게 효율적으로 사용하기도 한다는 것이다. 이러한 유아들은 대체로 친구들에게 둘러싸여 인기 있는 것처럼 보일 수 있다.[55] 이들은 자신의 목적을 달성하는 데 있어서는 유능하지만, 타인을 진정으로 배려하고 고려하는가에 있어서는 그렇지 않다. 사회적 유능성의 첫 번째 기준만을 충족하는 경우다. 그렇다면 이러한 유아들의 놀이 안정성은 어떠할까? 이를 체계적으로 증명한 연구는 아직 없으나, 필자가 시행한 교사와의 비형식적 면담에 의하면, 이러한 유아들은 놀이짝이 종종 바뀔 수 있다. 놀이짝이 자주 바뀐다는 것은 일상생활의 상호작용이 특정한 상대와 깊은 친밀감을 느끼고 서로의 안녕에 관심을 갖는 우정(friendships)의 단계로 발전하기 어렵다는 것을 의미한다.

그렇다면 놀이를 잘하는 유아는 어떤 유아일까? 놀이 속 긴장을 즐기며, 긍정적이고 유쾌한 분위기로 놀이에 참여하며 많은 유아들이 그 유아와 놀고 싶어 하는 유아일까? 놀이를 진정으로 잘한다는 것은 규칙을 잘 지키며, 긴장을 즐기고, 갈등을 원만하게 해결하는 것까지 포함해야 한다. 또한, 갈등을 원만히 해결하려는 이유가 나 자신만의 이득이(내가 이렇게 해주면 다음에 그 아이가 나한테 뭔가 해줄 거야) 아닌 타인의 입장에서 바라보고 이를 나의 일처럼 느끼는 정서적 측면이 포함되는 것이다. 즉 행동의 의도(intention) 혹은 동기(motivation)적 측면까지 포함되었을 때 비로소 도덕적이라고 할 수 있다. 종합하자면, 놀이를 잘하는 유아는 사회적으로 유능하다고 볼 수 있는가? 그럴 수 있다. 그렇다면 사회적으로 유능한 유아는 도덕적 수준이 높다고 할 수 있는가? 반드시 그렇지는 않다.

혼자놀이와 함께놀이: 사회적 놀이의 가치

유아는 긴장을 겪고, 갈등해결의 과정을 경험하면서 도덕적 가치를 깨닫고 이를 능동적으로 받아들이게 된다. 진정한 도덕교육은 도덕적 가치를 수동적으로 주입하는 것이 아니라, 스스로 가치판단을 하며 윤리적 역량을 키우는 것으로 이루어진다.[56] 유아는 자신의 인격을 높이기 위해서 그러한 가치를 수행하는 것이 아니라, 그렇게 해야만 놀이가 유지되기 때문에, 그렇게 해서 놀이의 즐거움을 느끼고 싶기 때문에 그러한 가치를 자율적으로 선택하고 수용하면서 또래 간의 긴장과 갈등을 풀어나가는 것이다.[57] 그렇다면 어떠한 놀이가 유아의 사회 · 도덕적 발달에 기여할 수 있을까? 많은 학자들은 여러 놀이 가운데서도 사회극놀이가 도움이 됨을 제안하였다.

사회극놀이는 사회적 놀이(social play)의 가장 발달한 형태로서, 상징놀이가 진보된 것이며, 상상요소, 환상적 요소를 함께 활용한다. 한 명 이상의 역할놀이자와 함께 하며, 놀이참여자들 사이의 상호작용이 포함될 때 사회극놀이라고 할 수 있다.[58][59]

사회극놀이는 실제의 삶을 그대로 묘사하면서, 그 묘사를 돕기 위해 상상적 요소가 들어간다. 맡은 역할(role)에 대한 자기만의 해석과 새로운 아이디어를 자신의 역할에 불어넣기에 사회극놀이에서는 유아가 자신의 발달적 특성을 모두 활용해야 한다. 유아들은 신체, 인지, 언어, 사회적 능력을 영웅놀이, 엄마놀이와 같은 하나의 테마 안에서 결합시킨다. 자기가 지니고 있는 현재 능력을 총동원하기 때문에 사회극놀이를 관찰하면 아이의 현재 발달수준을 보여준다.

스밀란스키(Sara Smilansky)에 따르면 사회극놀이에서 유아는 자신을 통제하는 것을 배우게 되며, 전후관계에 알맞은 행동을 연습할 수 있게 되고 현실을 정확하게 관찰하는 능력을 배우며, 자기 나름대로의 행동기준을 설정하게 된다.[60] (73쪽) 여러 연구들을 통해서도 사회극놀이의 긍정적인 영향이 나타났다. 사회극놀이의 질과 양은 조망수용능력, 공감능력과 상관관계를 보였는데, 가장놀이와 마음이론(theory of mind) 간에는 대부분 정적 상관이 존재하였다.[61] 사회극놀이는 짝을 이루어 극놀이를 하기 때문에, 역할놀이의 다양한 요소들(역할 에피소드를 결정하는 것, 그 사람인 '척'하는 것, 상대방의 제안을 따르는 것 등)이 마음이론, 정서이해능력에 긍정적 영향을 미치는 것이다.[62] 어린이들은 다른 어린이들과의 사회적 놀이를 통해 어떻게 그룹에 들어가는지, 놀이짝을 어떻게 모으는지, 다른 아이가 보내는 놀이 신호를 어떻게 이해하는지, 놀이 주제를 어떻게 협상하는지 등등에 대한 기술을 발달시키게 된다.[63][64] 사회극놀이는 아이들이 상황을 만들어 내고 상상해야 하며, 놀기 위해서 만들어진 일련의 규칙을 따라야 한다는 점에서 유아의 사회화에 기여한다.

그런데, 사회적 놀이를 꼭 해야만 하는 것일까? 현직 교사들로부터 종종 받는 질문 중 하나가 '혼자서도 잘 놀고 문제없는 아이에게 사회적 놀이를 꼭 하도록 해야 하는 것인가.'라는 것이다. 다른 아이와 관계 문제를 일으키지 않기 때문에, 놀이는 스스로 하고 싶은 것을 선택할 자유가 있기 때문에, 이 아이에 대한 개입을 망설이고 있는 교사들이 의외로 존재한다.

이에 대해서는 오래된 실험연구 한 편이 실마리를 제공해 줄 수 있을 것이다. 또래관계와 사회성 발달의 전문가 루빈(Kenneth Rubin)은 4세 유아들의 자유놀이를 관찰하고, 파턴(Mildred Parten)과

스밀란스키의 놀이유형*에 따라 분류한 후, 사회적 유능성, 인기도, 문제해결 기술 등과의 관련성을 연구하였다.[65] 그 결과, 혼자-극놀이를 할 경우에는 긍정적 상호작용을 받지 못했고, 또래로부터 거부를 받는 비율이 높았다. 혼자-기능놀이(solitary-functional), 병행-기능놀이(parallel-functional)도 역시 사회인지능력, 사회적 기술과 부적 상관이 있었다. 그러나, 모든 혼자놀이, 병행놀이가 유아의 발달에 부정적 결과를 미치는 것은 아니다. 구성놀이는 병행놀이 방식으로 이루어진다 하더라도(병행-구성놀이), 유아의 문제해결력, 인기도, 사회적 유능성과 정적인 관련이 있었으며, 극놀이가 병행놀이로 행해질 때(병행-극놀이), 긍정적 상호작용은 낮았으나, 상상적 요소는 높게 나타났다.

이것은 각 놀이유형이 어떠한 비율로 이루어지는가의 문제로 파악할 수 있다. 어떤 아이가 혼자놀이를 즐긴다고 하여도 크게 걱정할 필요는 없다. 혼자 혹은, 누군가의 옆에서 상호작용 없이 놀이를 하더라도 발달에 도움이 되는 놀이유형이 분명히 있기 때문이다. 더구나, 특정 놀이는 혼자 해야만 더 잘 이루어지는 경우가 있다. 예술영역과 관련한 놀이들이 대부분 그러한데, 그리기, 만들기 등은 집단으로 할 수도 있지만, 많은 경우 혼자

* 파텐(Parten, 1932)은 사회적 참여 유형에 따라 사회적 놀이의 발달단계를 제시하였는데, '비참여 행동(unoccupied behavior)', '방관자 행동(onlooker behavior)', '혼자놀이(solitary play)', '병행놀이(parallel play)', '연합놀이(associative play)', '협동놀이(cooperative play)'로 발달하게 된다. 비참여 행동과 방관자 행동은 사실상 놀이라고 보기는 어려우며 혼자놀이는 연합놀이, 협동놀이보다는 미숙한 놀이로 보았다. 그러나 이후 많은 학자들은 혼자놀이의 여러 유형과 장점들을 언급하며, 혼자놀이가 반드시 미성숙한 놀이는 아니라고 주장하였다. 스밀란스키(Smilansky)는 놀이의 발달단계를 제시하였는데, 기능놀이(functional play), 구성놀이(constructive play), 상징놀이(symbolic play), 극놀이(dramatic play), 규칙 있는 게임(games with rules)으로 구분하였다.

서 이루어진다. 다만, 그 아이가 하는 대부분의 놀이가 혼자놀이라면, 이것은 걱정해야 할 일이다. 또래 상호작용에서 얻게 되는 많은 긍정적 기회를 상실하게 되는 것이기 때문이다.

닫는 글

미디어의 발달로 인해 현대의 유아는 점차 혼자놀이에 익숙해져 가는 듯하다. 매체의 발달은 거스를 수 없는 시대적 현상이지만, 또래와의 놀이에서 오는 기쁨을 매체 속에 등장하는 인물에 대한 대리적 쾌감과 맞바꾸게 되는 것은 참으로 애석한 일이다. 또래와의 놀이는 사회적 존재로서 인간이 생존할 수 있는 여러 능력과 기술을 증진시켜줄 수 있기 때문이다.

놀이 속 규칙에 복종하거나, 규칙에 의심을 품는 것, 이 모두 규칙의 당위성과 공정성, 합리성 등을 이해하는 데 필요한 과정이다. 유아는 놀이에 규칙을 적용하면서, 혹은 놀이 속 규칙을 따르면서 사회적 합의와 규칙의 존재 의미를 깨닫게 된다. 놀이에 존재하는 규칙은 긴장과 갈등을 발생시키게 된다. 이는 규칙을 지키면서 놀이 속에서 이루고자 하는 지점에 닿아야 하기 때문이다. 긴장과 갈등을 해소하는 과정에서도 유아는 도덕적 가치와 성품을 연마하게 된다. 친구와의 관계를 해치지 않으면서 원만하게 갈등을 해결하고자 하는 노력을 통해 유아는 타인을 배려하고 이해하려는 마음, 놀이에 졌다고 해서 화를 내지 않는 것, 자신의 잘못을 인정하는 용기 등을 연습하게 되며, 이는 유아가 도덕적 가치를 함양하는 데 기여하게 된다.

어쩌면 이 장을 읽고 이렇게 물을 수도 있다. 유아가 놀이를 통해 반드시 도덕성을 길러야 하는가? 그렇지는 않다. 또래와 놀이를 잘하는 유아가 반드시 도덕적 가치를 획득하게 되는 것은 아니며 놀이를 통해 반드시 도덕적 가치를 깨달아야 하는 것도 아니다. 유아들은 때로 자신들이 만든 놀이규칙을 스스로 깨뜨리는 데서 오는 쾌감을 즐기기도 한다. 이러한 위반행위로 인한 쾌감은 그들만의 새로운 놀이 규칙, 혹은 암묵적인 놀이 규칙이 되기도 한다. 또한 속임수를 쓰는 유아에 대해 분노를 느끼기보다 때로는 오히려 더 웃겨 하고 재미있어 할 때도 있다. 그리고 이러한 놀이를 했다고 해서 그 유아가 비도덕, 혹은 무도덕적 수준에 머무른다고 하지 않는다.

본 장에서 의미하는 바는 놀이가 꼭 도덕적이어야 한다거나, 놀이 안에서 반드시 도덕성을 획득해야 한다는 것이 아니다. 오히려, 도덕적 가치는 또래와 함께 놀면서 '발견'되며, 유아는 놀이를 통해 이를 자연스럽게 익힐 수 있다. 본 장은 놀이 안에 존재하는 일정한 규칙을 경험하고, 규칙으로 인해 발생되는 긴장과 갈등을 겪으면서 강요나 주입의 방식이 아닌, 놀면서 깨달을 수 있는 도덕적 측면을 말하고자 하였다.

다른 아이의 놀이영상이 인기 있다는 것은 어쩌면 유아들이 자신만의 방식을 벗어나 타인의 놀이방법을 궁금해하며, 다른 유아들과 소통하고 싶어 하는 욕구를 역설적으로 보여주는 것일 수도 있다. 성인은 또래 상호작용의 중요성을 인식하고, 긍정적인 상호작용이 일어날 수 있는 장을 마련해주는 것이 필요하다.

유아가 스스로 선택하고 그에 따른 책임을 질 수 있도록 존중해야 한다. 더불어 놀이 중 다툼이나 갈등, 혹은 여타의 어려움이 발생했을 때, 그것을 해결해주기보다는, 해결책을 찾을 수 있도록 격려하는 것이 유아가 사회 · 도덕적인 존재로 성장하는 데 도움을 줄 수 있을 것이다.

생각해 봅시다

1. 인간의 인지와 행동은 일관된 것이 아니어서, '알고 있지만 하지 않는' 경우가 종종 발생한다. 유아들이 상대유아의 어려움, 요구사항에 대하여 알고 있지만 하지 않는 경우가 있는가? 왜 그러한 일이 발생한다고 생각하는가?

2. 유아들은 놀이 속 갈등을 해결하고자 교사들에게 호소한다. 교사의 눈에는 때로 이러한 유아들의 민원이 '고자질', '칭얼대기'처럼 여겨질 때도 있다. 교사는 유아들 내에 일어난 일은 그들 스스로 해결하기를 기대하며 유아들을 돌려보낼 때도 있다. 유아들의 놀이에서 일어나는 갈등에 대해 교사가 어떻게 대처하는 것이 지혜로운 방법일까?

한 번 더 읽어볼 만한 책

David, E. (2008). **놀이의 힘** (이주혜 옮김). 서울: 한스미디어.

참고 문헌

1) 김성원, 권미량 (2015). 한국 유아기 놀이의 세대별 변화에 대한 연구. **한국보육학회지**, **15**(2), 263–293.

2) Denham, S., Mason, T., Caverly, S., Schmidt, M., Hackney, R., Caswell, C., & DeMulder, E. (2001). Preschoolers at play: Co–socialisers of emotional and social competence. *International Journal of Behavioral Development, 25*(4), 290–301.

3) Elias, C. L., & Berk, L. E. (2002). Self–regulation in young children: Is there a role for sociodramatic play?. *Early Childhood Research Quarterly*, *17*(2), 216–238.

4) Niec, L. N., & Russ, S. W. (2002). Children's internal representations, empathy and fantasy play: A validity study of the SCORS–Q. *Psychological Assessment*, *14*(3), 331.

5) Schwebel, D. C., Rosen, C. S., & Singer, J. L. (1999). Preschoolers' pretend play and theory of mind: The role of jointly constructed pretence. *British Journal of Developmental Psychology*, *17*(3), 333–348.

6) Colwell, M. J., & Lindsey, E. W. (2005). Preschool children's pretend and physical play and sex of play partner: Connections to peer competence. *Sex Roles*, *52*(7–8), 497–509.

7) Huizinga, J. (1949). *Homo Ludens Ils 86*. London: Routledge.

8) Caillois, R (1994). **놀이와 인간: 가면과 현기증**. (이상률 옮김). 서울: 문예출판사. (원저 출판년도 불분명)

9) Huizinga, J. (2010) **호모루덴스** (이종인 옮김). 서울: 연암서가. (원저 1954년 출판)

10) 8)과 동일

11) 8)과 동일

12) 9)와 동일

13) 8)과 동일

14) 8)과 동일

15) 안상혁 (2004). 로제 카이와(Roger Caillois)의 놀이론을 통한 온라인 게임 고찰.

디자인학 연구, 55, 119–126.

16) Rubin, K. H., Fein, G. G., & Vandenberg, B. (1983). Play. In P. H. Mussen (Series Ed.) & E. M. Hetherington (Vol. Ed), *Handbook of child psychology: Vol. 4. Socialization, personality and social development* (pp. 693–774). New York: Wiley.

17) 곽영근 (2015). 도덕교육에서의 호모루덴스. **한국초등도덕교육학회 하계학술발표 논문집 2015**: 309–321.

18) 17)과 동일

19) Piaget, J. (1932). *The moral development of the child*. London: Kegan Paul.

20) 서강식 (2007). **피아제와 콜버그의 도덕교육이론**. 일산: 인간사랑.

21) 20)과 동일

22) 20)과 동일

23) Turiel, E. (1983). *The development of social knowledge*. Cambridge: Cambridge University Press.

24) Smetana, J. G., Schlagman, N., & Adams, P. W. (1993). Preschool children's judgments about hypothetical and actual transgressions. *Child Development, 64*(1), 202–214.

25) 8)과 동일

26) 8)과 동일

27) 8)과 동일

28) 8)과 동일

29) 15)와 동일

30) 8)과 동일

31) 8)과 동일

32) 9)와 동일

33) 9)와 동일

34) 8)과 동일

35) David, E. (2008). **놀이의 힘** (이주혜 옮김). 서울: 한스미디어.

36) 9)와 동일

37) 8)과 동일

38) 8)과 동일

39) 9)와 동일

40) 류미향 (2015). 유치원 자유놀이에서 또래 간 '긴장'경험의 윤리적 의미 탐색. **유**

아교육연구, 35(4), 73–94.

41) Laursen, B., & Hafen, C. A. (2010). Future directions in the study of close relationships: Conflict is bad (except when it's not). *Social Development*, *19*(4), 858–872.

42) Laursen, B., Hartup, W. W., & Koplas, A. L. (1996). Towards understanding peer conflict. *Merrill-Palmer Quarterly, 42(1),* 76–102.

43) Vuchinich, S. (1990). The sequential organization of closing in verbal family conflict. In A. D. Grimshaw (Ed.), *Conflict talk: Sociolinguistic investigations of arguments in conversations* (pp. 118–138). New York: Cambridge University Press.

44) 41)과 동일

45) Dawe, H. C. (1934). An analysis of two hundred quarrels of preschool children. *Child Development*, *5*(2), 139–157.

46) 엄정례 (1998). 유아의 또래간 갈등상황 분석. **유아교육학논집**, 2(1), 151–177.

47) Chen, D. W., Fein, G. G., Killen, M., & Tam, H. P. (2001). Peer conflicts of preschool children: Issues, resolution, incidence, and age-related patterns. *Early Education and Development*, *12*(4), 523–544.

48) 46)과 동일

49) 46)과 동일

50) 47)과 동일

51) Damon, W., & Killen, M. (1982). Peer interaction and the process of change in children's moral reasoning. *Merrill-Palmer Quarterly, 28*(3), 347–367.

52) Killen, M., & Rutland, A. (2011). *Children and social exclusion: Morality, prejudice, and group identity*. Oxford: John Wiley & Sons.

53) 51)과 동일

54) Rose-Krasnor, L. (1997). The nature of social competence: A theoretical review. *Social Development*, *6*(1), 111–135.

55) Hawley, P. H. (2002). Social dominance and prosocial and coercive strategies of resource control in preschoolers. *International Journal of Behavioral Development, 26*(2), 167–176.

56) 40)과 동일

57) 40)과 동일

58) Smilansky, S. (1968). *The effects of sociodramatic play on disadvantaged preschool children.* New York: Wiley.

59) 이숙재 (2002). **유아를 위한 놀이의 이론과 실제**. 서울: 창지사.

60) 59)와 동일

61) Smith, P. K. (2005). Social and pretend play in children. In A. D. Pellegrini, & P. K. Smith (Eds.), *The nature of play: Great apes and humans* (pp. 173–209). New York: Guilford Press.

62) Dunn, J., & Cutting, A. L. (1999). Understanding others, and individual differences in friendship interactions in young children. *Social Development, 8*(2), 201–219.

63) Göncü, A. (1993). Development of intersubjectivity in social pretend play. *Human Development, 36*(4), 185–198.

64) Howes, C., Rubin, K. H., Ross, H. S., & French, D. C. (1988). Peer interaction of young children. *Monographs of the society for research in child development,* i–92.

65) Rubin, K. H. (1982). Nonsocial play in preschoolers: Necessarily evil?. *Child Development*, *53,* 651–657.

놀이와 창조성:

CHAPTER 3

놀이 속 물리적 세계와 상상의 연결

놀이와 창조성: 놀이 속 물리적 세계와 상상의 연결

여는 글

터먼(Lewis M. Terman) 교수는 지능(IQ)이 높은 천재 아이들의 일생을 지속적으로 추적(1925~1959)하여 그들의 업적을 연구한 것으로 유명하다. 이들은 '터먼의 아이들'이라는 의미에서 터미티스(Termites)로 불리었는데, 그가 마지막으로 추적한 터미티스는 평균 151의 IQ를 가진 아이들이었다. 그러나 코프먼(Scott B. Kaufman)과 같은 비평가들은 천재 아동집단으로 분류된 터미티스의 업적이 기대만큼 뛰어난 것은 아니라고 평한다.[1] 터미티스는 상대적으로 보다 건강하고 행복한 삶을 누렸으며 대학 입학 진학률이 높았고 저명한 학회에 가입한 학자들이 많았으나, 뛰어난 업적을 나타낸 과학자나 창조적인 예술가로 인정받은 사람은 없었다고 한다.[2]

쇼클리(William Shockley)는 당시 일부 터먼의 아이들과 같은 학교에 재학하고 있었다. 그는 천재 아동들에 비해 보통 수준인 IQ 120의 지능을 가지고 있었기 때문에 천재 아이들의 그룹에 들어

가지 못하고 터먼의 연구에서 배제되었던 평범한 아이였다. 그러나 그의 성취는 괄목할 만한 것들이었는데, 전류나 전압의 신호를 증폭하고 변환시키는 반도체 소자 중의 하나인 트랜지스터를 발명하여 이후 노벨 물리학상을 받게 된다.[3] 평범한 지능을 소유한 쇼클리가 천재적인 아이들보다 뛰어난 업적을 세울 수 있었던 이유는 무엇이었을까? 쇼클리가 가진 상상력과 창조적 능력에 있지 않았을까?

우리 사회는 지식정보화 사회에서 상상력과 창조사회로 빠르게 변화하고 있다.[4] 과거 농경사회가 산업화 사회로 변화하고 또다시 정보화 사회로 변화하면서 인류는 급격한 변화의 물결에 적응하고 대처해 왔다. 그런데 지금 세계는 또다시 급한 변화의 물결을 맞이하고 있다. 4차산업혁명으로 인한 창조사회로의 전환은 이미 시작되었으며, 변혁의 시대를 살아가는 우리는 이제 다가올 시대를 예측하고 우리 자신을 준비하고 미래인재양성에 힘써야 하는 시대적 과제를 안게 되었다.

'창조성(creativity)'은 창조사회가 가장 요구하는 핵심 역량이다. 일반적으로 창조(creation)의 의미는 무(無)에서 유(有)를 창조해 내는 개념과 기존의 것을 사용하여 새롭게 만들어낸다는 개념을 가지고 있다. 많은 학자들은 놀이가 주는 정서적 유연성과 융통성이 창조적 능력의 발현에 지대한 영향을 미친다고 생각하고 있다.[5] 놀이하는 유아는 사물과 개념을 제한 없이 사용하고 실험해 보는 과정에서 사고의 유창성이 증가하고 놀이가 주는 즐거움을 통해 정서적 융통성을 경험한다. 놀이는 정말 상상력과 창조의 세계로 연결해 주는 문이 되어줄 수 있을까? 이번 장에서는 놀이 속 물리적 세계와의 만남과 상상이 어떻게 창조적 능력으로 연결되는지 생각해 보고자 한다. 먼저 창조적 호모 파베르의 아동이 환경과 사물을 해석하고 물리적 가능성을 탐구하며 사물과 환경을 통제해 나가는 모습을 생각해 보고자 한다. 다음으로 현실을 초월한 사물놀이를 통해 확장된 세계의 경험이 갖는 의미와 상징과 상상의 작용에 대해 생각해 보고자 한다.

Homo Creative
창조적 인간

환경과 도구의 사용은 인간의 고유한 행동인가?

호모 파베르(Homo Faber)는 '도구를 사용하는 인간'이라는 뜻으로 동물과 구분되는 인간의 독특한 특성으로 묘사되어 왔다. 인간의 도구사용능력은 인간이 가진 능력의 범위를 확장시켜줄 뿐만 아니라 신체적 · 공간적 · 시간적 한계를 넘어설 수 있게 해주었다.[6] 인간은 아름드리나무의 둥치를 베어내기 위해 도끼를 만들어 내었으며, 보다 효율적으로 나무를 베어낼 수 있는 톱과 전기톱이라는 도구를 만들어 내었다. 우주선의 개발은 지구에서 한 발자국도 벗어날 수 없는 인간에게 우주 탐사의 길을 열어주었다.

그런데 동물들도 도구를 사용하는 다양한 모습이 지속적으로 관찰되면서 사물과 환경에 대한 의도적이고 목적지향적인 반응이 인간만의 특성은 아니라는 주장이 이어졌다. 침팬지는 나뭇가지를 이용해 개미집의 개미를 유인하여 핥아먹는 모습의 유능함을 보이고, 나무토막을 가지고 장난하며 놀이한다. 심지어 지능이 매우 낮을 것이라고 생각되는 어류조차도 도구를 사용하고 있는 것으로 관찰되었다. 검은 점박이돔 물고기는 입에 문 조개를 바위에 내리쳐 깨뜨린 후에 조갯살을 꺼내어 먹는다. 행동주의자로 잘 알려진 스키너는 비둘기를 훈련시켜 특정 행동을 실행하도록 만들었다. 2차 세계대전 당시 스키너는 '비둘기 프로젝트'를 통해 미사일을 보다 정확하게 적진에 투하하기 위한 방법을 고안하기 시작하였다. 비둘기를 훈련시켜 미사일이 나치캠프에 정확하게 투하되도록 만든 것이다. 미사일 안에 세 마리 비둘기의 조종석이 마련되었으며, 스크린을 통해 목표물이 보이면 부리로 열심히 공을 쪼아대도록 훈련시켰다. 비둘기의 이러한 행동은 폭탄의 핀이 제거되도록 하는 장치와 연결되었다. 스키너의 비둘기들은 비록 실제 전쟁에 사용되지는 않았으나 스키너는 비둘기를 훈련시키는 데 성공하였다고 한다.

워렌켄(Warneken)과 타마셀로(Tomasello)는 침팬지와 인간 영아가 친사회성과 이타심에 기초하여 도움이 필요한 사람에게 도움을 제공하는지에 대해 연구하였다. 이들은 잘 세팅된 실험실에서 18개월과 24개월의 인간 영아와 침팬지가 의도와 목적을 가지고 환경과 사물에 대해 반응하고 조작하는 행동을 관찰하였다. 개별 실험 상황에서 연구자들은 영아와 침팬지에게 도움이 필요한 모습을 보였고 다양한 문제에 직면한 연구자들이 이를 해결할 수 없을 때 이런 문제를 이해한 영아와 침팬지는 기꺼이 문제를 해결해 주었다.

그림 3-1 Warneken과 Tomasello(2006)의 침팬지와 영아의 친사회적 도움 실험

왼쪽 그림에서는 연구자가 상자 안에 떨어진 열쇠*를 집기 위해 작은 공간을 통해 손을 뻗고 있으나, 플라스틱판이 막고 있다. 이를 본 침팬지가 판의 손잡이를 잡아 올려 연구자가 열쇠를 꺼낼 수 있도록 공간을 만들어 주고 있다. 오른쪽 사진에서는 연구자가 무거운 책 여러 권을 힘겹게 들고 책장 앞으로 걸어가고 있다. 책장에 책들을 넣으려고 하나 책장의 문이 닫혀 있다. 이를 본 인간 영아가 책장 앞으로 다가가 책장의 문을 활짝 열어주고 있다.

워렌켄과 타마셀로는 도움이 필요한 연구자의 몸짓과 호소에 반응하여 도움을 제공한 인간 영아와 침팬지의 이타심에 주목하였으나, 이 장면은 연구자의 의도를 읽고 연구자를 돕기 위한 목적 달성을 위해 적절한 방법으로 사물과 환경에 변화를 가하여 문제를 해결하는 능력을 가진 침팬지와 인간 영아의 행동에도

* 워렌켄과 타마셀로의 2006년 논문에는 열쇠로 기술되어 있으나, 실험영상에서는 하얀 플라스틱 뚜껑과 같은 사물로 보인다.

주목하게 한다. 이 연구에서 침팬지는 인간 영아에 비해 보다 오랜 시간(건네주기 아쉽다는 듯) 열쇠를 자기 손에 들고 있었지만, 결국 연구자에게 열쇠를 건네주었다.

그렇다면 인간과 동물의 도구사용능력에 있어서 차이점은 무엇일까? 이들의 차이점은 인간 영아들의 경우 성장하면서 보다 복잡하고, 목적지향적이며, 조직적인 특성을 보이는 문제해결능력을 보이고, 창조물을 만들어내기 시작한다는 점이다. 인간 영아에게는 창조의 능력이 꽃피기 시작한다. 사실 호모 파베르의 용어는 '만드는 사람', '제작자(Man of Maker)'의 의미를 내포하고 있다. 인간다움의 특성이 '창조적 도구 사용자'로 해석되어진다. 비고츠키(Lev S. Vygotsky)의 호모 파베르의 관점도 단순한 물리적 도구의 사용보다 독특하고 심오한 관점에서의 정신의 도구(Tools of the Mind)에 관한 이론을 적용하여 인간의 고등정신과 동물의 차이점을 더욱 명확하게 구분하였다.[7)]

어포던스와 물리적 세계의 만남

아동은 사회와 세상을 어떻게 해석하는가? 이 질문은 아동이 사물과 어떻게 상호작용하는지에 관한 질문을 포함한다.

환경의 행위 유발적 특성 혹은 행동 가능성으로 해석되는 어포던스(affordance)는 깁슨(James Gibson)의 지각과 신체시스템의 연결 이론에서 나온 개념으로 객체와 환경이 개인에 의해 어떻게 해석되며 행동과 행위의 가능성으로 이끄는지를 설명한다.[8] Affordance라는 용어는 본래 영어사전에 정의되지 않은 개념이었으며 지금도 영어사전에 수록되어 있지 않다. 이 용어는 깁슨에 의해 최초로 사용되었다. 지각발달 이론가인 깁슨과 그의 부인 엘리노어(Eleanor Gibson)는 생태학적 관점에서 환경의 행위 유발적 특성에 관심을 가지고 있었으며, 감각을 통해 외부 환경의 정보를 얻거나 그것을 해석할 필요가 없이 직접적이고 직관적으로 지각되는 인식 모델을 고려하였다. 환경이 가진 정보는 직접 인식이 가능하기 때문에 그 정보가 기억에 저장되어 처리되는 과정이 필요하지 않다고 본 것이다. 어포던스는 환경이 행위 주체에게 제공하는 물리적이고 사회적인 기회로서 모든 물리적 세계 안에 잠재해 있는 상호관계적이고 행위 유발적인 특성을 포함한다. 환경이 행위 주체에게 제공하는 행위 유발적 특성은 긍정적인 영향을 미치는 특성일 수 있으나 부정적인 영향을 미치는 특성일 수도 있다.

환경의 어포던스가 제공하는 행위 가능성과 유도성의 개념은 오늘날 우리 주변의 건물과 물건의 디자인 분야에서 사용자가 보다 쉽게 지각하거나 인상 깊게 지각할 수 있도록 감각적이고 감성적인 요소를 강조하여 적용하고 있다.[9] 예를 들어, 건물 출입문의 모양이 미는 모양과 당기는 모양이 구분되어 디자인되어 있는 경우 즉각적으로 반응하여 밀고 당기는 행위를 쉽게 유발하곤 한다. 사실 타마셀로의 실험실도 침팬지와 유아의 행동을 쉽게 유발해 내는 환경적 단서를 제공하는 청각적 자극과 물리적 구조로 잘 설계되어 있었다. 오래 생각하기 전에 직관적이고 빠르게 반응하여 행동하도록 잘 고안된 실험실이다.

작은 언덕의 어포던스

그렇다면 사물의 모양과 외부 환경의 조건은 유아의 반응과 놀이행동에 어떠한 영향을 미칠까? 유아들은 환경의 어포던스를 경험하며 놀이를 통해 환경과 사물 안에서의 행위-환경의 변화 사이의 관련성을 인식하고 환경을 통제해 나갈 것이다. 어포던스는 행위 주체자와 물리적 환경 사이의 관계적 특성이라고도 말할 수 있다. 이러한 특성으로 인해 행위 주체가 환경의 일부로서 작용하거나 행위 주체와 환경 사이의 특정한 상호작용이 촉진된다. 환경의 어포던스는 행위 주체자들 사이의 특정한 사회적 상호작용을 촉진해 주기도 한다.[10)]

최근 실외 자연환경을 갖추고 있는 유치원에서의 놀이는 유아들의 신체활동을 보다 높은 수준으로 끌어올리며 유아의 건강, 행복, 학습과 발달에 긍정적인 영향을 미친다는 보고가 이어지고 있다. 비에르엔(Kathrine Bjorgen)은 자연환경에서 유아들이 경험하는 어포던스를 분석하기 위해 참여관찰을 통한 연구를 진행하였다. 비에르엔은 숲 속을 산책하는 유아들의 행동을 통해 유아들의 시선이 자연의 물리적 환경과 연결되고 이러한 연결이 유아들의 신체 동작과 사회적 상호작용을 만들어 내고 있음을 관찰하였다. 연구자는 오르막 경사가 있는 산 속의 작은 둔덕(small knoll)은 유아들의 높은 신체 움직임과 즐거움, 활발한 사회적 상호작용을 유도하는 특성을 가지고 있다는 사실을 발견하였다. 아래의 그림과 내용은 둔덕을 발견한 유아들의 모습이다.

그림 3-2 작은 언덕의 어포던스

> 숲을 산책하던 도중 교사와 유아들은 작은 둔덕을 발견하고 그곳에서 뛰어 내리기 시작하였다. 둔덕에서 뛰어 내리기(15분간 지속). 매우 높은 수준의 신체 움직임이 만들어졌다. 유아들은 뛰어내리며 달려 올라가기를 반복하였다. 유아들은 이야기하고, 소리지르며, 즐거워하였다. 세 명의 여아들은 동시에 뛰어내렸는데 서로 다른 방향으로 착지하려고 시도하였다[...] 신체활동성 수준은 5(매우 높음)로 기록되었다.[11] (17쪽)

이처럼 둔덕에서의 놀이는 '신체활동성'과 사회적 '공유'를 유도해 내는 상호 역동성을 보여주었다. 스웨덴의 학자인 니클라슨(Laila Niklasson)과 샌드버그(Anette Sandberg)도 인터뷰와 관찰을 통해 유아의 놀이 유도와 관련된 실외환경 어포던스에 대한 유아의 인식과 반응을 연구하였다.[12] 이들의 연구에서도 비에르엔의 연구에서와 같이 유아들은 평평한 바닥보다 오르막 경사가 있는 둔덕의 특성을 선호하는 것으로 나타났다. 그리고 모래, 진흙과 같이 손으로 촉감을 느끼며 주무르고 만들 수 있는 재료에 대한 선호도가 높았으며, 휴식공간에 대한 선호도도 높았다. 이 세 가지 물리적 환경에 대해서는 유아들의 보고에 의한 선호도뿐만 아니라 관찰에 의한 실제 이용비율도 가장 높은 것으로 나타났다. 과거 아파트 단지 내 놀이터나 공원에 많던 모래놀이터가 안전과 위생 문제로 사라진 이후 도시에서는 유아들이 모래와 진흙을 손으로 만지면서 놀이하는 일이 더욱 어려워졌다. 자연물이 가진 어포던스를 경험하며 인공물과는 다른 독특한 감각과 편안함을 즐기는 유아들의 입장에서는 아쉬운 일이라 생각한다.

성인들도 일상에서 혹은 직업적인 차원에서 사물과의 상호작용이 자주 발생한다. 일상에서 자주 사용하는 스마트폰, 컴퓨터, 가전제품 등은 버튼 누르기, 밀기, 스크린을 터치하거나 미는 행위를 통해 작동하게 된다. 사물에 깃든 디자인의 요소를 탐색하면서 사용자들의 즉각적인 반응과 사용행동을 고려해 디자인한 개발자의 의도에 맞춰 수동적으로 반응하고 사용한다. 최근에는 AI기술과 IoT기술의 발달로 누르기, 밀기, 터치하기의 방식을 넘어 음성으로 대화하거나 여러 가지의 제품들을 서로 연결하여 사용하게 되었다. 이러한 다양한 제품들과의 상호작용에 있어 사용자들은 일반적으로 사물이 지닌 어포던스에 수동적으로 반응하게 되고 사물이 내포하고 있는 실현 가능성에 제한받게 된다. 그러나 이러한 사물을 개발하는 개발자들은 사물에 깃들어 있는 어포던스에 수동적으로 반응하지 않는다. 사물의 구조와 기능이 내포할 수 있는 다양한 가능성을 실험하고 보다 사용이 편리하고 새로운 기능이 추가된 제품을 만들어 내기 위해 창조의 정신을 발휘한다.

사물놀이 하는 유아들의 모습도 이와 같다. 다양한 자연물이 주는 어포던스의 특성을 발견하고 경험하는 자유와 즐거움이 있으며, 성인 개발자들이 심어놓은 인공적 어포던스의 특성을 탐색하고 사용하는 즐거움이 있다. 그런데 유아들의 사물놀이는 사물과의 상호작용에서 그 사물이 내포하고 있는 어포던스의 특성을 발견하고 사물을 조작하는 즐거움에 제한받지 않는다. 유아들은 사물, 환경과 상호작용하며 놀이할 때 그 사물이 가진 어포던스의 특성을 발견하고 사물의 조작과 행위를 통해 사물과 환경에 변화를 가하고 환경을 통제해 나가기 시작한다. 놀이 속에서 유아들은 마음껏 상상하고 환경과 사물에 깃든 어포던스를 경험하고 사물의 관습적 사용을 넘어서는 실험과 창조의 정신을 경험한다.

사물놀이: 사물과 사물의 연결은 혁신과 창조의 행위이다.

비요크룬드(David F. Bjorklund)와 가디너(Amy K. Gardiner)는 사물놀이(object play)란 일상적인 재료와 도구, 자연물이나 인공물을 사용하여 조작하고 놀이에 사용하는 것이라고 정의하였다.[13] 그러나 사물놀이는 놀이에 관한 정의만큼이나 명확한 정의가 어려운 개념이라고 보았다. 그 이유는 먼저, 유아들은 다양한 놀이 상황에서 사물을 사용하여 놀이한다. 예를 들어, 나무토막을 전화기로 여기며 상징놀이(symbolic play)에 사물을 사용할 수 있다. 나무토막을 쌓아 성을 만드는 놀이에는 구성놀이와 상징놀이가 함께 진행되곤 한다. 펠레그리니(Anthony Pellegrini)는 피아제(Jean Piaget)의 이론에 기초하여 사물놀이를 기능놀이(functional play)와 구성놀이(constructive play)로 구분하고 있다. 기능놀이는 목적지향적이지 않은 조작과 행위에서 비롯된 즐거움이 중심이 되는 놀이로 볼 수 있다. 그는 또한 사물놀이와 사물에 대한 탐색(exploration)을 구분하였으며 구성놀이와 도구(tool use)로서의 사물의 사용도 구분하였다.

유아들의 사물놀이가 생후 1년 전후의 영아들에게서 흔히 보이는 단순 기능적 놀이가 아니라면 대부분 구성놀이의 형태로 나타난다. 연구자들은 유아들의 놀이가 대부분 구성놀이의 형태로 나타나고 있으며 약 50% 이상이 구성놀이라고 말하고 있다. 구성놀이란 쌓기, 조형, 목공놀이 등과 같이 다양한 자료를 활용하여 무언가를 만들거나 쌓는 놀이로 조직화되고 목적지향적인 특성을 가지고 있다. 사물과 사물을 연결하여 구성할 수 있는 능력은 인간과 동물의 완전히 다른 차원의 지적 능력을 나타내준다. 특히 사물을 놀이에 사용하거나 도구를 사용하는 데 있어서 사물 간의 연결을 통한 복잡한 형태의 창조적인 구성놀이는 오직 인간의 놀이에서만 보이는 모습이다. 사실 피아제도 구성놀이의 경우 목적지향적인 특성과 적응적 특성으로 인해 놀이보다는 자발적인 지적활동과 적응적 활동에 가까운 활동이며 '놀이'와 '비놀이 활동'의 경계선(a boundary class)에 위치한 활동이라고 보았다.

놀이는 가능성의 실험실이다: 라이트 형제의 비행놀이

놀이는 마음껏 상상하고 잠재력을 발휘할 수 있도록 허용해 준다. 놀이는 또한 사물의 연결과 물리적 원리의 적용 그리고 그 가능성의 한계를 실험하는 장이 된다. 인류 최초로 동력비행에 성공한 두 형제 윌버(Wilbur Wright)와 오빌(Orville Wright)의 유년기 놀이는 이러한 점을 잘 나타내는 대표적인 예라 할 수 있다. 그들은 어린 시절 아버지로부터 선물 받은 고무 동력기를 가지고 놀이와 실험에 몰입하였으며 이러한 놀이 경험은 이후 비행기의 발명을 위한 중요한 밑거름이 되었다.

윌버와 오빌의 아버지는 그리스도 형제 연합교회의 주교로 자주 전도여행을 다녔다. 어느 날 이들의 아버지는 여행에서 돌아오면서 대나무 재질로 만들어진 프랑스산 고무 동력기를 사 가지고 집으로 왔다. 아버지는 어린 시절 장난감을 가지고 놀이하는 경험의 교육적 가치에 대한 강한 신념을 가지고 있었다.

"얘들아 여기 보렴."

아버지는 아이들을 깜짝 놀라게 해주려는 목적으로 몸에 숨기고 있던 고무 동력기를 아이들의 눈앞에서 천장을 향해 날린다. 이 동력기는 프랑스의 항공 개척자 알퐁스 페노(Alphonse Penaud)가 개발한 엔진 디자인을 기초로 만든 것이었다. 고무 동력기는 대나무와 종이로 만들어졌고, 고무 밴드로 작동하는 프로펠러로 구성되어 있었다. 윌버와 오빌은 아버지로부터 받은 고무 동력기를 가지고 놀이하는 것을 즐거워하였다. 그러나 고무 동력기는 너무 많이 가지고 놀아서 결국 고칠 수 없을 정도로 망가지고 말았다. 고무 동력기가 완전히 망가지자 윌버와 오빌 형제는 스스로 고무 동력기를 만들어 가지고 놀았다. 형제는 고무 동력기를 많이 만들어 내었고, 그것들을 날리는 것에 성공하였다. 그러나 동력기의 사이즈를 훨씬 크게 디자인하여 제작하였을 때에는 실패를 반복하였다. 당시에는 실패의 이유를 알지 못하였으며 결국 실험을 포기하고 말았다. 후에 이들은 이 장난감을 가지고 놀이하면서 비행에 대한 강한 호기심과 열정을 키워나가게 되었다고 회고하였다.[14][15]

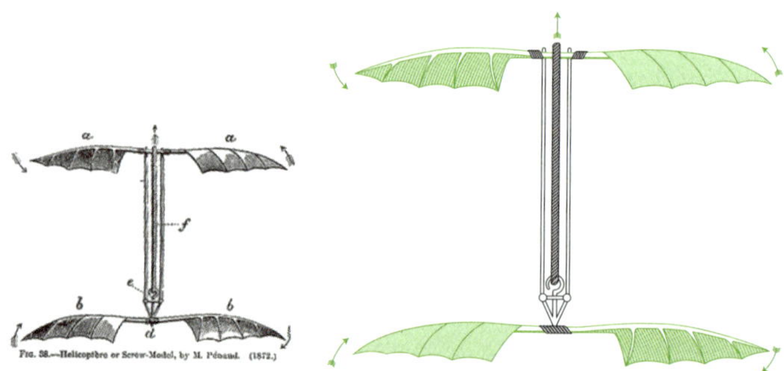

그림 3-3
왼쪽: 라이트 형제의 아버지가 사온 프랑스산 고무 동력기. 오른쪽: 큰 사이즈로 변형하여 만든 동력기

라이트 형제에게 있어서 어린 시절의 놀이는 간절히 원하는 것(동력 비행기)을 만들고 성공을 위한 새로운 시도를 해 볼 수 있는 실험실이 되어 주었으며, 상상과 창조성의 세계로 나아가는 문

이 되어 주었다. 놀이를 통해 물리적 세계를 이해하고 새로운 발명을 시도함으로써 새처럼 하늘을 날고자 하는 인간의 꿈을 실현 가능한 실험으로 이끌어낼 수 있었다. 놀이는 그들의 상상력과 창조성이 꽃피우도록 도와주었으며 물리적 이해와 새로운 발명을 시도하도록 용기를 주었다.

사물놀이와 지적활동

사물놀이는 사물 안에 내재된 물리적 인과관계에 대한 지식과 이해를 확장한다. 유아들은 사물놀이를 통해 인과관계의 복잡성과 과학적 추론을 경험한다. 운동에너지, 무게중심, 장력 등 사물 안에 내재된 그리고 사물과 사물 간의 인과관계와 메커니즘을 경험하게 된다.[16] 예를 들어 라이트 형제가 가지고 놀았던 고무 동력기에는 다양한 물리적 원리가 작용한다. 양력과 중력, 프로펠러의 추진력 그리고 저항력의 균형이 제대로 작용해야만 비행이 가능해진다.

피아제는 유아가 구성해가는 지식의 유형을 물리적 지식, 논리-수학적 지식, 사회적 지식으로 구분하고, 유아에게 있어 서로 다른 지식의 유형은 지식구성에 있어서도 그 의미가 각각 다르다고 보았다. 물리적 지식이란 유아가 외부 환경이나 사물에 대한 경험과 관찰을 통해 내적으로 구성해 나가는 지식을 말한다. 유아는 사물과 물리적 세계와의 상호작용을 통해 물리적 지식을 구성해 나가기 때문에 물리적 지식은 사물 자체에서 유래된다고 보았다.[17] 예를 들어, 라이트 형제는 고무 동력기를 가지고 놀이하면서 고무 동력기가 가진 다양한 물리적 특성인 고무 동력기의 실제 크기, 모양, 무게, 비율, 균형 등과 같은 물리적 지식을 구성해 나갔을 것이다. 이들이 망가진 고무 동력기를 대신할 새로운 동력기를 만들기 위해 실험하는 과정에서는 눈에는 보이지 않으나 공중에 날고 있는 고무 동력기에 작용하는 중요한 물리적 원리들을 발견해 나갔을 것이다. 또한 여러 번 감긴 고무가 풀리면서 날개를 돌아가게 하는 동력이 생겨나는 것과 고무가 풀리는 방향과 반대로 날개가 돌아가는 물리적 연결 관계를 해석해 내었을 것이다. 이러한 지식은 논리-수학적 지식으로, 관찰과 경험에 기초한 해석, 비교, 유추를 통해 구성해 가는 지식이다.[18] 이러한 해석과 유추의 인지과정을 통한 논리-수학적 지식의 구성은 행위 주체자의 적극적이고 열정적인 지식 형성 과정으로 볼 수 있다. 행위 주체자가 사물 간의 관계 해석을 적극적으로 이끌어내지 않으면 논리-수학적 지식이 구성되지 않는다.[19] 다시 말해, 물리적 지식은 사물로부터 얻어지는 지식인 반면, 논리-수학적 지식은 유아의 사고행위, 해석, 실험을 통해 형성되는 지식이다.[20] 고무 동력기의 찢어진 날개를 고치고, 부러진 몸체를 맞추고, 풀어져 분리된 고무 밴드를 적절한 위치에 다시 감아내며 신나게 놀이하는 과정은 다양한 물리적 지식과 논리-수학적 지식을 구성해 가는 순간이 되었던 것이다.

브리콜라주(bricolage)

브리콜라주(bricolage)의 사전적 의미는 '손에 주어지는 대로 구성한다*'는 뜻이다. 이 용어는 프랑스 구조주의 인류학자 레비스트로스(Claude Lévi-Strauss)가 사물과 재료의 결합과 재결합을 통해 새로운 것들을 만들어 내는 도구적 인간의 지적활동을 묘사하는 개념으로 사용하였다.[21] 그는 원주민의 야생적 사고와 체계화된 지식에 기초한 과학적 사고를 대조하여 기술하고 있다. 이러한 대조는 감각적 직관에서 벗어난 고도의 체계화된 지식과 합리적 사고에 기초한 과학자 혹은 엔지니어와 브리콜뢰르의 사고와 기술의 차이로 이어진다. 브리콜뢰르(bricoleur)의 정확한 의미해석은 다소 어려우나 레비스트로스는 주변의 잡다한 사물과 도구를 사용하여 무언가를 솜씨 있게 만들어 내는 사람 혹은 재주꾼으로 해석하고 있다.[22] 재료와 도구를 사용하여 무언가를 만들어 내는 과정에서 엔지니어와 브리콜뢰르의 차이는 과학적 사고와 전 과학적 사고의 차이로 대비되고 있다. 이러한 대비를 통해서 레비스트로스가 강조하고자 한 점은 체계적인 지식과 계획에 기초한 엔지니어의 과학적 사고와 기술이 브리콜뢰르에 비해 우수한 차원에 있다는 것은 아니다. 브리콜뢰르의 기술과 지적인 과정에는 야생(원주민)의 사고로 묘사된 구체적이고 감각적인 측면이 부

* 레비스트로스(Lévi-Strauss, 2016)에 따르면 브리콜라주(bricolage)는 본래 프랑스 고어 브리콜레(bricoler)라는 동사에서 유래한다. 고어의 뜻은 공놀이, 구슬놀이, 사냥, 승마술 등에 쓰이곤 하였으며, 공이 튕겨서 돌아오는 특성, 말이 장애물을 피하기 위해 행동하는 우발적이고 즉각적인 움직임을 가리킬 때 사용되었다고 한다.

각되고 있으나 뜻밖의 놀라운 성과를 낼 수 있는 창조적 직관으로도 묘사되고 있다.[23)]

표 3-1 전 과학적 사고와 과학적 사고

전(prior) 과학적 사고	과학적 사고
- 야생/원주민의 사고 - 구체의 과학, 감각적 직관 - 신화, 주술적 사고(기묘하고 임의적 분류를 통해 기억의 구성을 용이하게 함) - 동식물에 대한 원주민들의 구체적이고 풍부한 지식 - 전 과학적 사고는 오늘날 브리콜뢰르의 기술적인 면에 남아 있음 - 손재주꾼, 브리콜뢰르는 아무것이나 주어진 도구를 써서 자기 손으로 무엇을 만드는 사람을 장인에 대비해서 가리키는 말 - 신화적 사고는 일종의 지적인 손재주(브리콜라주)인 셈	- 고도의 체계화된 지식 - 과학자들의 분류적 사고(무질서를 참지 못함) - 모든 것에 질서를 부여하고자 하여 억지로 분류체계를 만들기도 함 - 합리적 질서 - 감각적 직관에서 벗어나는 것에 목적을 둠 - 엔지니어(과학자): 가능한 한 많은 연장과 재료의 혹은 일의 계획에 따라 몇 벌의 도구를 가짐

출처: Lévi-Strauss, C. (2016) 야생의 사고[*La Pansee Sauvage*]. (안정남 역). 서울: 한길사. (원저 1996년 출판)에서 발췌.

셔리 터클(Sherry Turkle)은 피아제와 레비스트로스가 구조주의 철학에 기초하여 과학적 사고가 전 과학적 사고보다 문명화된 사고이며, 전 조작적 사고를 논리적이고 고도의 추상적 사고가 가능한 이후의 사고능력에 비해 낮은 단계로 보는 관점에 다소 비판적이다.[24)] 위 표에서 보이는 전 과학적 사고와 과학적 사고의 특성은 피아제가 말한 유아의 전 조작적 사고와 성인의 추상적 사고의 대조적 특성과 닮아 보인다. 감각적이고 구체적인 인지 과정이 중요한 역할을 하는 전 조작기(유아기에 해당)의 특성은 야생의 사고와 많이 닮아 있으며 과학적 사고와 합리성이 강조되는 문명인의 사고는 성인의 추상적 사고능력과 유사해 보인다(그러나, 정작 레비스트로스가 과학적 사고를 보다 우수한 사고능력으로 보았는지는 다소 의문이다. 그가 자신의 책 전반에서 다루고자 한 내용은 과학적 사고의 우수성이라기보다는 야생의 사고가 가지는 독특한 지성이었으며, 과학적 사고와의 차이점이었던 것 같다).

터클은 사물에 대한 브리콜라주와 같이 매우 구체적이고 직관적인 추론이 발휘하는 창조적 능력에 보다 주목한다. 터클은 사물을 다루는 브리콜뢰르의 지성과 직관에 관한 레비스트로스의 관점에서 강한 영감을 얻어 관념을 불러일으키는 사물(evocative object)이라는 개념을 말하였다. 예를 들어, 누군가에게 '기차'라는 사물은 어린 시절 사랑하는 아버지와 바닷가로 여행을 가기 위해 사용했던 교통수단으로 돌아가신 아버지에 대한 따뜻한 기억과 정서를 불러일으키는 현상을 만들어 내기도 한다. 터클은 인간의 삶에서 사물이 차지하는 비중과 영향력이 매우 강하다고 강조한다. 사물은 인간관계에서의 상념을 불러일으키거나 창의적인 생각과 영감을 불어넣어 주기도 한다. 사물은 지성과 감성을 연결해주는 역할을 할 뿐만 아니라 지적활동과 창조성을 구체화하는 구심점이 되기도 한다.[25]

터클이 말하는 관념을 불러일으키는 사물의 개념은 유아들의 놀이가 어떻게 지적 사고과정과 정서 그리고 창조적 순간과 연결되는지 잘 이야기해 준다. 데이비스(Brent Davis)도 놀이하는 유아의 사고는 브리콜라주의 일종이라고 보았다.[26] 손에 쥐어지는 대로 놀이하고, 구성하고, 연결한다. 특히 유아들의 사물을 활용한 놀이는 종종 물리적 세계를 넘어 가상과 상상의 세계로 연결되고 뜻밖의 결과물들을 만들어내곤 한다.

구성놀이는 놀이가 아니다?

라이트 형제의 비행놀이는 놀이였을까, 놀이가 아니었을까? 이 질문에 대해 대부분의 사람들은 당연한 놀이의 순간이라고 말할 것이다. 라이트 형제 자신들도 장난감을 가지고 놀았다는 표현을 하였다. 그러나 〈Play, Dreams and Imitation in Childhood〉에서 피아제가 설정한 놀이에 대한 명확하고 상세한 기준과 관점을 살펴보게 되면, 라이트 형제의 사물놀이를 놀이의 순간으로 보아야 할지 고민하게 된다. 유아들은 사물놀이를 통해 물리적 세계와 만나게 되고 물리적 지식과 논리-수학적 지식을 구성해 나가며 실험을 통한 지적 도전의 순간들을 경험하게 된다. 그런데 정작 피아제는 진정한 놀이의 순간에는 새로운 지식구성이 발생하지 않는다고 보았으며, 구성놀이는 순수한 놀이와 서로 대립되는 축에서 양끝의 거리에 있는 '학습'에 다가가 있는 경계선상의 활동이라고 보았다. 라이트 형제가 비행기를 그리거나 대나무와 종이를 사용하여 비행기를 만들던 순간들은 신체 감각적 기술과 상징적 표상을 활용하여 새로운 비행기를 구상하며 재미있게 놀이한 순간들이지만, 순수한 놀이의 순간에서 멀리 벗어나 학습에 가까운 경계선상의 활동[27]이 되어 있던 것이다. 유아들이 신나게 놀았는데도 불구하고 놀이가 아닌 학습에 다가간 활동이라고 부른 이유는 구성놀이에서 나타나는 지적 과정의 특성에 있다. 사실 레비스트로스의 개념에 기초해 살펴보더라도 야생의 사고 혹은 브리콜라주의 놀이과정에 몰입해 있던 그들은 어느 순간부터 계획과 설계를 통해 모형 비행기를 제작하고자 시도한 과학적 사고자인 엔지니어의 사고와 기술에 가까이 다가갔을 것이다.

피아제는 일상적인 활동과 '놀이의 순간'을 구분하기 위해서는 명확한 기준이 적용되어야 한다고 보았다. 피아제의 관점에서 놀이인 순간과 놀이가 아닌 활동의 구분은 행위 안에 존재하는 **평형화**와 관련이 있다고 보았다. 피아제는 사고의 발달과 학습은 동화와 조절작용을 통한 평형화를 통해 이루어진다고 보았다. 이러한 가정에 기초하여 진정한 놀이의 순간은 자기목적적이고, 즐거움 그 자체이며, 논리적이고 합리적인 사고과정보다는 체계성이 결여된 몽상이나 상징적 게임과 같은 순간이다. 이러한 동화가 지배적인 순간이 놀이의 **시작**을 알리는 순간이다.[28] 피아제의 관점에서 보면 라이트 형제가 비행기 놀이를 통해 비행의 원리를 깨닫고 비행기를 만들었던 순간은 엄밀한 의미에서의 놀이라고 보기보다는 실험과 탐구활동에서 발생할 수 있는 깊이 있는 사고의 과정이 개입된다고 본 것이다. 따라서 동화 지배적인 놀이에서 벗어난 조절과 평형화를 통한 사고의 성장이 이루어질 수 있으므로 순수한 놀이의 순간에서 많이 벗어나 있는 것이다.

피아제의 이러한 관점은 놀이인 것과 놀이가 아닌 것에 대한 이분법적 구분을 강요하지 않는다. 반대로 유아들이 일상적인 놀이와 활동이 즐거움의 요소가 가득하고 합리성과 체계성이 결여된 진정한 놀이의 순간에서 지적 성숙이 이루어지는 적응적

활동(adaptive activities)의 순간으로 부담 없이 자유롭게 오갈 수 있음을 시사해 준다. 예를 들어, 청소나 식사와 같은 명백한 일에 가까운 활동들도 과동기부여(overmotivation) 되어서 즐거움과 상징적 상상이 가득한 놀이와 같은 순간으로 변화할 수 있다.[29] 나무 블록을 바구니에 담아 정리하던 유아들이 아이스크림을 상상하며 "수박 아이스크림은 엄마 것! 딸기 아이스크림은 아빠 것!" 정리정돈의 시간은 의무가 부여된 일의 순간보다는 즐거운 놀이의 순간에 가까워진다.

그러나 무엇보다도 놀이하는 자아는 심각한 갈등에서 자유로워야 한다. 피아제는 프로이드의 무의식적 상징이론에 기초하여 놀이하는 자아는 갈등으로부터 자유로울 뿐만 아니라 스스로 세상을 통제하고 있다고 보았다. 혹 현실적 제약으로 인한 갈등이나 문제가 존재한다면 놀이하는 자아는 이를 적절히 수용하거나 억눌러 놓은 채 유희적 동화의 순간을 즐겨야 한다.[30]

지적활동과 놀이를 구분한 피아제의 관점은 놀이 중심의 유아교육과정에 중요한 철학적 기초와 원리를 제공해 줄 수 있을 것이다. 첫째, 진정한 놀이의 순간이기 위해서는 구체적인 기준이 적용될 수 있다는 점이다. 피아제는 몇 가지 조건들 가운데서 무엇보다 유희적 동화(ludic assimilation)의 순간이 존재해야 진정한 놀이의 순간으로 볼 수 있다고 강조하였다. 학습을 강요하는 활동이나 유아 스스로 충분히 즐거워하는 놀이가 아니라면 놀이가 유희적 동화의 순간이어야 한다는 조건을 충족하지 못한다. 오늘날 놀이 중심의 유아교육과정은 유희적 동화의 순간과 지적활동의 순간이 잘 어우러져 있다고 볼 수 있을 것이다.

둘째, 유아들의 놀이와 활동은 정지되어 있는 상태가 아니다. 순간적으로 변화하고 전환한다. 따라서 유아들은 지적활동에서 순수한 놀이의 순간으로, 순수한 놀이의 순간에서 높은 수준의 지적활동 혹은 학습에 가까운 순간으로 전이할 수 있다. 놀이와 일(혹은 학습)을 서로 대립되는 축의 양 극단에 위치해 있는 것으로 묘사한 피아제의 이론은 때로 우리가 놀이와 학습을 이분법적으로 구분하는 오류를 범하게 한다. 본래 피아제의 관점은 유아의 활동이 순수한 놀이에 가까운 경험이 될 수도 있으며, 때로는 학습에 가까운 경험이 될 수도 있음을 시사하는 것으로 보아야 할 것이다. 이종희[31]도 구성놀이에 대한 피아제의 관점은 학습의 경계에 위치한 놀이로서 놀이의 교육적 적용을 꾀하고자 하는 교육자들에게 중요한 이론적 토대를 제시해 준다고 말하고 있다. 본래 피아제는 구성놀이의 경우 학습에 가까운 경계선상의 활동이기 때문에 놀이의 단계에 포함시키지 않았다. 그러나 상징놀이의 경우 순수한 놀이의 가장 큰 특성인 동화 지배적인 지적 작용의 특성을 가지게 된다. 이러한 관점은 상징놀이도 이야기의 구조와 수준이 복잡하고 상세한 높은 수준에 이르렀을 때에 경계선상의 적응적 활동이 될 수 있다고 보는 학자들로부터 비판을 받기도 하였다.

상징놀이

상징놀이(symbolic play)는 유아가 놀이에 사물이나 언어 등을 사용하여 다른 존재의 의미를 나타내기 위해 사용한다. 상징놀이는 동물들의 놀이와 인간의 놀이에서 도구의 사용이나 상징의 사용에 어떤 차이가 있는지 보다 명확하게 보여준다. 유아들의 사물놀이는 상상과 변형이 있는 상징놀이이거나, 상징놀이 안에서 사물이 사용되는 경우가 있으며, 유아들은 사물놀이가 아닌 다른 놀이 상황에서도 자주 사물을 사용하곤 한다. 그런데 동물들의 놀이 연구가들은 동물들도 도구를 사용한 사물놀이에 참여한다고 보고하고 있으며, 새비지 룸바(Sue Savage-Rumbaugh)는 보노보(본래 침팬지의 한 종이었다가 독립된 종으로 분류된)가 먹는 척하는 가작화 행동을 수행하도록 훈련시킬 수 있었다고 보고하였다.[32)]

그림 3-4
컵을 들고 차를 마시는 척하는 침팬지

유아들은 사물이나 언어를 사용하여 사물의 본래 의미가 아닌 과거에 경험한 다른 사물이나 역할, 상황 혹은 상상을 표현한다. 피아제에 의하면 상징적 표상능력은 지연모방(deferred imitation)이 가능해지면서 시작된다. 그는 상징이 사고의 도구로서 탈맥락적으로 자유롭게 사용될 때 상징놀이가 가능하다고 보았다. 상징놀이에서 유아들의 행동은 빈 컵으로 마시는 것, 포크를 사용해 먹는 것과 같은 기능적 행위로 나타날 수 있으며 다양한 맥락에서 변화된 행동으로도 나타날 수 있다. 유아들은 따뜻한 차를 마시는 행위에 대한 정신적 표상을 가지고 있다가 놀이 상황에서 뜨거운 차를 마시는 행위와 실수로 차를 쏟는 행위를 표현할 수 있다. 보노보의 가작화 행위는 훈련과 모방에 의한 단순 기능적 행위로 볼 수 있다. 반복적인 훈련을 통해서도 사회적 맥락에 따라 상대의 행위와 의도를 읽고 반응하여 상징놀이에 참여하는 것은 한계가 있었다. 이에 반해 유아들은 실제 경험과 상상을 넘나들며 집단놀이를 통해 다양한 각본과 상황을 가정하고 서로 간에 의미를 공유하며 미묘한 변화를 감지하고 자유롭게 표현하고 놀이한다.

풍부한 사물놀이 환경은 유아들의 확산적 사고와 관련된다. 다양한 사물이 제공된 환경에서 사물을 사용한 상징놀이에 참여하는 유아들은 일상적인 사물과 새로운 사물을 대할 때에 보다 확산적인 사고를 할 수 있게 된다. 댄스키(Jeffrey L. Dansky)는 피아제의 이론적 범주에서 가상적 상징놀이(symbolic make-believe)를 포함하는 자유놀이는 사물의 자유로운 상징적 변형을 통한 유창성의 강화와 관련된다는 것을 발견하였다.[33] 유창성은 많은 양의 아이디어를 생산해 낼 수 있는 능력으로 확산적 사고와 관련된다. 연상적 유창성은 폭넓게 연결되는 사고의 유창성을 말한다. 감자 줄기를 힘껏 잡아 뽑으면 연결된 감자들이 알알이 뽑혀 올라오듯이 연관된 아이디어를 풍부하게 산출해 내는 사고능력이다. 댄스키의 연구에서 가상적 상징놀이에 자유롭게 참여하는 유아들은 연상적 유창성이 높은 것으로 나타났다. 댄스키는 유아가 기존의 도식과 사물의 연합을 느슨하게 하여 다양한 개념에 적용을 시도하면서 연상적 유창성이 강화되는 인지작용과 관련될 것이라고 설명하였다.

피아제도 상징놀이가 창조적 상상(creative imagination)의 원천이 된다고 보았다. 상징놀이는 창조적 상상과 관련된 특별한 사고과정을 촉진한다고 본 것이다. 상징놀이의 순간은 동화작용이 우세한 인지적 불균형이 야기되는 대표적인 상태라고 보았는데, 인지적 불균형은 새로운 지식의 습득으로 연결되지는 않겠지만 전반적인 사고과정에서는 여전히 중요한 순간이다.[34] 특별히 동화 우세적인 지적 불균형의 상태는 앞서 댄스키의 관점에서 유창성이 강화되는 과정으로 사물과 도식 간의 유연한 연결과 관련된 확산적 사고의 측면에서 결정적인 인지작용으로 이어질 수 있다. 사물과 개념의 상호적이고 자유분방한 동화작용의 개입은 유창성 혹은 두뇌폭풍과 같은 확산적 사고 및 산출의 인지작용과 유사하다.[35] 작은 조약돌 하나를 가지고 놀이하는 유아는 조약돌을 사용하여 매우 다양한 놀이를 할 수 있다. 누구도 조약돌 놀이에 대해 평가하거나 비난하지 않을 것이기에 즐거운 마음으로 집중하여 놀이한다. 조약돌 하나를 가지고 유아가 대체하여 적용하는 개념이나 놀이의 종류는 수없이 많다. 놀이과정에서 경험하는 다양한 개념과 자유로운 변형은 창의성을 발휘해야 하는 순간에 번뜩이는 아이디어로 연결되곤 한다.

한편, 펠두센(John F. Feldhusen)과 웨스트비(Erik L. Westby)는 창의적인 사람과 그렇지 못한 사람의 차이는 정보의 조각들이 얼마나 효율적이고 쉽게 인출 가능한 형태로 연결되어 있는지의 여부에 달려 있다고 보았다. 그리고 창의적인 사고를 위한 지식기반이 구축되기 위해서는 10년 이상의 학습과정이 요구된다고 보았다.[36] 이는 창조적인 결과물을 만들어 내기 위해서는 한 분야에 완전히 숙달한 후에야 성과를 보이기 시작한다는 칙센트미하이(Mihaly Csikszentmihalyi)의 관점을 기초로 10년의 법칙을 이야기한 가드너(Howard Gardner)의 관점과도 일치한다.[37] 창조적인 문제해결이나 결과물을 만들어내기 위해서는 부단한 학습과 기술연마를 위한 노력이 필요한 것이다. 놀이 속 유아들은 칙센트미하이가 말한 창조성을 위한 몰입과 집중을 위한 놀라운 에너지를 가지고 있다(4장 참조). 부단한 노력과 집중을 통해 피아제가 말한 기존에 습득된 지식과 기술의 연습과 공고화가 이루어진다. 유아들은 놀이하면서 노력하고, 최선을 다하며, 성장하고 있다.

내러티브와 상상의 확장

비고츠키는 놀이는 가상의 상황, 역할, 규칙의 요소를 갖추고 있어야 한다고 보았다.[38] 가상놀이에서 사물의 사용은 대부분 타협된 상징으로 사용된다. 비고츠키에 따르면 유아는 실제 사물을 표상하는 소품을 사용하여 사물의 실제 의미를 구분해 내므로 추상적 사고가 발달하게 된다. 사물의 구조성이 낮을수록 유아가 사물에 부여하는 추상적 의미는 실제 의미에서보다 멀어져 있으므로 보다 높은 수준의 추상적 사고를 요구하게 된다.

브루너(Jerome Bruner)는 인지과정에서 내러티브의 중요성을 강조하며 이야기를 행위로 표현하는 과정은 사물의 관습적 사용에서 벗어난 창의적인 사고가 가능하게 한다고 말하였다.[39] 특히, 이야기를 만들거나 표현하는 상황에서 기억과 상상력이 통합된 인지적 과정이 발생한다고 강조하면서 이러한 사고가 보다 진취적인 태도로 확장된 삶의 영역을 경험하도록 하는 역할을 한다고 하였다.[40] 최근 연구들도 이야기에는 두려움, 사랑, 불안과 같은 정서적 상징이 포함되는데 이러한 정서적 과정은 창의적 사고를 극대화하는 경향이 있다고 말하고 있다. 그 이유는 첫째, 정서가 가미된 사고는 정서적 요소를 포함하는 내용의 생각과 이미지를 떠올리게 하여 생각의 폭을 확장케 한다. 공상이나 환상놀이 속 정서적 사고와 관련된 이미지나 상상의 범위가 어떠한지에 대해 생각해 보면 된다. 둘째, 문제해결이나 도전 상황에서 즐거움의 정서는 융통성을 발휘하여 창의적 사고를 할 수 있도록 영향을 미친다.[41]

피아제도 놀이의 도구로서 사용되는 상징의 구조와 이야기 짓기를 위한 상상적 상징의 의미가 다르다고 보았다. 또한 혼자 가상놀이에 비해 또래들과의 사회적 가상놀이는 보다 높은 수준의 가상행동이라고 보았다. 놀이 연구가들은 사물놀이, 탐색, 상징놀이의 순간들을 구분하고 있지만 자유롭게 놀이하는 유아들의 놀이에는 순식간에 스토리가 생겨나고, 사물의 조작과 구성놀이와도 연결된다. 혼자서 쌓아올리던 블록이 작은 성과 마을이 되어 여러 유아들의 상상이 통합되고 공유된 집단적 내러티브가 되기도 한다. 함께 성장하고 공동의 의미를 만들어 나가는 상호주관성 발달의 장이 된다.

놀이의 초현실성과 창의성

현실을 초월하여 놀이한다는 것은 자발적이고 자유로운 정신의 활동을 의미한다. 놀이하는 자아는 자유로운 사고과정을 통해 현실과 경험을 넘어 상상의 세계로 향하게 된다. 상상은 근거없고 비논리적인 공상이나 망상과는 다른 어떤 현상이나 그림을 마음속에 창조해 낼 수 있는 능력을 가리킨다. 비고츠키는 상상을 기억에 저장된 사건이나 이미지를 인출해 내는 재생산적인 상상과 실제 경험과 기억을 초월한 창조적 상상으로 구분하였다.[42] 놀이는 종종 재생적 경험에 기초하고 있으나 동시에 창조적인 상상을 촉진한다. 더 재미있게 놀이하기 위해서는 습관적이고 익숙한 방식에서 벗어나야 하기 때문이다. 그러나 어떤 이들에게 놀이는 물리적 세계와 현실에 구속받지 않으며 어떤 면에서는 생산성 없는 낭비된 시간처럼 보인다.[43]

프로이드(Sigmund Freud)는 유아들은 상상과 놀이를 통해 창의성의 기반이 되는 승화의 순간을 경험하게 된다고 보았다. 무의식과 잠재의식의 자유로운 상상과, 융통성 있고 얽매이지 않는 의식의 활동이 창의성의 발원지라고 말한다. 놀이는 본능적이고 충동적인 사고와 에너지를 지나치게 억압하거나 통제할 필요가 없는 승화의 순간으로서 창조적 정신의 자유로운 활동을 허용한다.[44] 프로이드의 승화의 개념에 대해 하우츠(John C. Houtz)는 다음과 같이 표현하고 있다.

> 프로이드(1959)에 의하면 아동들은 놀이 활동을 통해 승화를 사용하는 것을 배운다고 한다. 많은 시간, 에너지 그리고 정서를 상상적이고 가상적인 활동에 투자함으로써 아동은 갈등을 표현할 수 있고 더 즐거운 방법으로 세상을 재배열할 수 있다.[45] (19쪽)

자유로운 놀이 활동을 통해 내적 욕구와 소망을 자유롭게 발산하는 승화의 경험은 무의식과 전의식에 속하는 정신에 자유를 부여한다. 큐비(Lawrence S. Kubie)는 자유롭게 의식하고 활동하는 정신의 무의식 혹은 전의식 영역이 과거의 경험을 상상과 상징적 산물과 연결하여 창의적 결과물을 만들어 낸다고 보았다. 전의식은 자유롭게 놀이할 수 있는 정신이 과거 경험에 기초하여 자유롭게 창조적으로 활동하도록 한다.[46] 전의식은 의식과 무의식의 체계에 통제를 받게 되는데 이러한 통제로부터 자유롭게 활동할 수 있는 능력은 창의성과 연결된다고 본 것이다. 이처럼 큐비는 자유롭게 놀이할 수 있는 능력을 창의성으

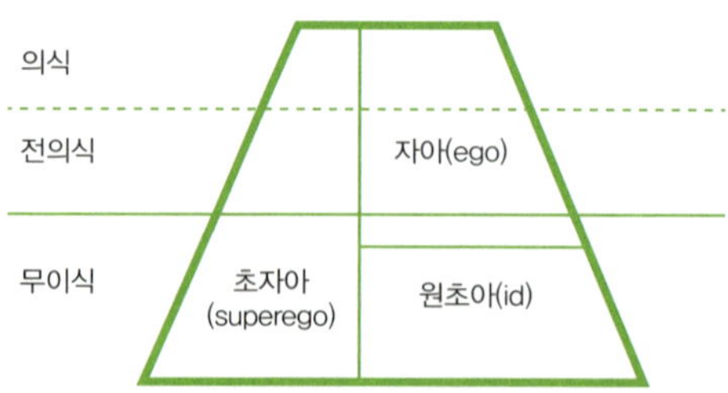

로 정의했으며, 학습 위주의 전통적인 교육 방식은 현실과 결합된 통제와 무의식의 갈등을 일으킨다고 보았다.[47)]

초현실주의 화가들은 현실과 경험으로부터 자유를 얻은 무의식과 잠재의식의 해방을 통해 영감을 얻은 창조적인 작품들을 많이 남길 수 있었다. 이들의 작품은 대부분 상식에 얽매이지 않는 매우 기발하고 창조적인 생각과 환상적인 모습이 표현되어 있다. 초현실주의 화가 르네 마그리트(Rene Magritte)의 '겨울비'에는 흥분된 감정이나 동작을 전혀 보이지 않는 점잖은 신사가 무수히 많은 동일한 모습의 빗방울로 묘사되어 있다. 개성 없이 동일한 모습이 하늘 공간에 떠 있는 모습은 독자들에게 즐거움과 신선함마저 제공해준다. 르네 마그리트는 자연현상, 상식, 현실에 얽매이지 않는 예술적 표현을 위해 열정적인 작품 활동에 몰두하였으며 다작의 창조적이고 인상적인 그림들을 남길 수 있었다.

유아들의 놀이도 초현실주의의 특성을 닮아 있다. 손님과 함께 차를 마시는 엄마의 역할을 하다가도 하늘을 날아 숲 속의 친구에게 갈 수도 있다. 현실과 논리에 얽매이지 않는 놀이의 초현실성은 경험, 현실, 기억, 상상, 의식과 무의식, 열정과 에너지를 하나로 연결 지으며 이를 통해 유아들은 창의적으로 활동하고 놀이한다. 심리역동적 이론에 기초하지 않은 학자들도 놀이가 상상을 촉진하고 창조성의 발현에 지대한 공헌을 하는 것으로 믿고 있다. 알제라(Ayman Aljarrah)는 놀이, 상상, 창조성의 상호연관성에 대해 한 조각의 천과 같이 서로 연결되어 있다고 말하였다.[48] 노리스(Joe Norris)도 창조와 재창조의 행위는 놀이를 통해 가능케 된다고 보았다. 놀이는 미지의 세계를 열어준다. 익숙하고 친숙한 공간을 넘어서서, 습관적이고 일상적인 행위와 사고방식에서 자유롭게 한다.[49]

다가오는 혼합현실과 유아의 사물놀이

앞서 유아들이 사물을 사용한 놀이에서 다양한 상징과 상상을 구현하여 탈맥락적이고 초현실적인 세상을 창조해 낸다는 것을 이야기하였다. 그렇다면 가상의 세계가 현실 세계에 함께 존재하는 혼합현실(mixed reality)의 세상에서는 어떤 형태의 세상이 창조될까? 아마 유아의 내면에 상상을 통해 구현되던 이미지가 가상의 그래픽 이미지나 홀로그램을 통해 현실 세계의 눈앞에 구현될 것으로 예상된다.

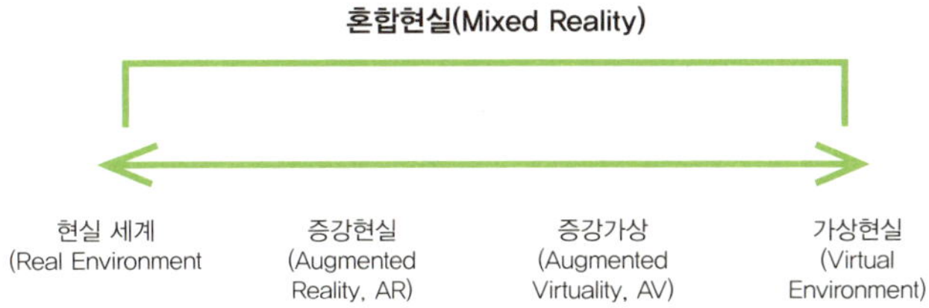

그림 3-5
현실 세계 환경과 가상 세계 환경의 연속성 50)

혼합현실이란 위 그림에서 보이는 것처럼 현실 세계를 기반으로 어느 정도의 가상의 세계를 융합한 세계를 말하며, 증강현실과 가상현실은 모두 혼합현실에 포함되는 개념이라고 할 수 있다. '포켓몬GO'와 같이 증강현실의 기술을 현실 세계에 적용하여 실행되도록 개발된 게임이 혼합현실의 한 예로 볼 수 있다. 증강현실을 통한 혼합현실에서는 실제 현실 세계와 가상의 세계를 동시에 경험하게 되는 반면, 완전한 가상현실의 경우 현실 세계는 차단된 상태에서 가상의 세계가 펼쳐지게 된다. 이처럼 혼합현실의 형태는 현실 세계에 좀 더 가깝거나 또는 현실 세계와는 완전히 차단된 가상의 세상, 양 극단의 연속성상에서 구현될 수 있다. 혼합현실을 적용한 기술은 의학기술분야에서도 획기적으로 접목되어 사용되고 있다. 이미 수술실에서 혼합현실을 구현하여 보다 정확한 수술을 수행한 사례들이 발표되고 있음[51]을 떠올린다면, 유아의 놀이 공간에서도 혼합현실의 구현이 자연스러운 현상이 될 것이다.

최근 유아의 사물놀이와 상징놀이에 4차산업혁명의 핵심기술이 적용된 다양한 디지털 완구와 교육용 자료들이 사용되는 것을 보면 이와 같은 전망은 더욱 빨리 우리 곁에 다가올 수 있을 것으로 보인다. 인공지능을 탑재한 로봇과의 대화는 보다 자연스러워지고, 유아들의 일상에 보다 가까워지게 될 것이다. 현실 세계에 존재하는 사물과 조화를 이루는 혼합현실의 구현과 다양한 디지털 매체의 등장은 유아의 사물놀이 세계를 확장시킬 수 있을까?

미리 찾아가 본 미래의 교실 환경

미래 선생님 반의 자유놀이 풍경이다. 서연이와 수아는 도서 영역에서 미래봇이 효과음을 넣어 들려주는 백설공주 이야기에 주의를 집중하고 있다. 백설공주가 숲속에 버려진 장면에서는 일곱 난쟁이의 집이 증강현실로 눈앞에 펼쳐지고 있다. 일곱 개의 작은 침대가 놓여 있는 방과 먹다 남은 음식이 남아 있는 부엌의 식탁이 보이며 백설공주가 바라보고 있는 장면을 유아들이 함께 보고 있다... 연우는 과학영역에서 햄스터 콩이의 모습을 관찰하던 중, 콩이가 좋아하는 음식이 무엇인지에 대해 조사해 보고 싶은 생각이 들었다. 연우는 허공에 홀로그램으로 나타난 모니터를 손으로 더듬으며 햄스터에 대한 다양한 그림과 정보 가운데 햄스터의 음식에 관한 정보가 나타나자 몇 가지 그림을 손으로 터치해 본다.

사물이나 언어 등을 사용하여 사회적 역할, 상황, 활동, 다른 사물 등 실제로 경험한 장면이나 상상한 것들을 상징화하며 놀이해 온 유아의 놀이 세계가 증강현실이나 가상현실의 이미지로 대체되게 될까? 그렇다면 유아의 표상능력에 어떤 영향이 있을지 고민하게 된다. 비고츠키는 사물의 실제 모습과 의미에서 멀리 떨어진 다른 의미나 상징을 부여할 수 있는 능력을 높은 수준의 추상적 사고라고 보았다. 비고츠키의 관점에서 보면 가상의 현실이 지배적인 환경은 유아의 자발적인 상징능력과 추상적 사고과정에 방해가 될 수도 있을 것이다. 또한 터클이 강조한 것처럼 물리적 공간과 사물은 우리 삶에서 매우 중요한 역할을 하고 정서와 사고과정에 지대한 영향을 미친다. 많은 학자들과 부모들은 컴퓨터나 패드의 스크린에 기반을 둔 콘텐츠나 혼합현실을 적용한 놀잇감이 영유아의 과몰입 문제를 야기할 수 있음을 우려한다. 적어도 유아기에는 가상현실에 가까운 세계보다 현실의 물리적 세계가 보다 지배적인 환경으로 작동해야 하지 않을까 하는 제안을 던지고 싶다.

닫는 글

이 장에서는 도구적 존재로서의 인간의 개념에서 출발하여 물리적 세계와 상상의 세계가 만나는 유아의 놀이의 특성을 탐색하고자 하였다. 유아들은 다양한 자연물과 사물이 주는 어포던스의 특징을 발견하고 경험하는 것에서 나아가 사물과 환경에 변화를 가하고, 통제해가며 그 가운데에서 가능성을 실험하고 상상의 세계를 구축해간다. 혼자 하는 가상놀이, 또래와 함께 하는 사회적 가상놀이, 그리고 현실을 뛰어넘는 초현실적 세계 속에서 유아의 놀이는 서로 이질적인 세계를 넘나들며 세계를 확장해간다. 이는 유아의 놀이에서 발견할 수 있는 고유한 가치일 것이다.

이와 함께 생각해볼 것은 최근 교육환경의 변화이다. 정확히는 삶의 영역과 패턴이 달라지고 있는 현재의 교육환경을 탐색해야 한다는 의미이다. 최첨단 테크놀로지의 어포던스에 대한 연구와 적용이 증가하며, 첨단 과학기술이 적용된 놀잇감들은 아동이 사물을 다루면서 사용방법에 대해 빠르고 직관적으로 짐작하여 사용할 수 있도록 디자인되어 있다. 특히 아동의 인지경험, 몰입, 이용성에 미치는 영향에 대한 체계적인 연구[52,53]들에 기초한 놀잇감들이 아동의 삶 깊숙이 들어와 있는 가운데, 교육적 사고를 가진 우리 교육자들은 새로운 사물과 환경이 유아들의 놀이와 브리콜라주의 사고에 어떤 영향을 미칠 수 있는지 고민하고 고찰해야 하는 새로운 과제에 당면해 있다. 다행히, 그리고 여전히 유아들은 첨단 테크놀로지와 연합된 사물뿐만 아니라 아날로그적 향수가 남아 있는 다양한 놀잇감 및 자연물들과의 능동적인 상호작용과 자유로운 놀이를 즐거워한다. 어떤 환경에서도 유아들은 창조적인 놀이를 지속해 나갈 것이고 다양한 문제를 해결해 가는 과정을 경험할 것이라 생각하지만, 이것은 지나치게 낙관적인 전망일 수도 있다. 함께 고민하고, 연구해가야 하는 영역이 하나 더 늘었다.

생각해 봅시다

1. 최근 우리 주변에 첨단 과학기술이 적용된 놀잇감들을 떠올려 봅시다. 유아들이 경험하게 되는 어포던스와 과학적 개념들 혹은 브리콜라주의 사고과정에 대해 생각해 봅시다.

2. 혼합현실 속 유아들의 상상놀이의 모습이 어떠할지 상상해 봅시다. 유아의 표상능력과 상상력에 도움이 되는 혼합현실 환경의 구축과 교육적 적용에 대해 생각해 봅시다.

한 번 더 읽어볼 만한 책

1. Turkle, S. (2010). **내 인생의 의미 있는 사물들**[*Evocative Objects: Things We Think With*]. (정나리아, 이은경 공역). 고양: 위즈덤하우스: 예담. (원저 2007년 출판)

2. Lévi-Strauss, C. (2016). **야생의 사고**[La Pansee Sauvage]. (안정남 역). 서울: 한길사. (원전 1996년 출판)

참고 문헌

1) Kaufman, S. B. (2009. Sept. 9). The truth about the “Termites”. Psychology Today. Retrieved June, 24, 2018 from https://www.psychologytoday.com/us/blog/beautiful-minds/200909/the-truth-about-the-termites

2) Gardner, H. (1997). **창조적 인간의 탄생**[*Extraordinary Minds*]. (문용린 역). 서울: 사회평론. (원저 1997년 출판)

3) 1)과 동일

4) 한광식 (2018. 07. 18). 창의력이 미래 경쟁력이다. 한국대학신문. http://news.unn.net/news/articleView.html?idxno=192162 에서 2018 6월 23일 인출

5) Fehr, K. K. & Russ, S. W. (2016). Pretend play and creativity in preschool-age children: Associations and brief intervention, *Psychology of Aesthetics, Creativity, and the Arts, 10*(3), 296–308.

6) Miller, L. & Pound, L. (2011). *Theories and Approaches to Learning in the Early Years*. LA: Sage Publications Inc.

7) 6)과 동일

8) Bjorgen, K. (2016). Physical activity in light of affordances in outdoor environments: Qualitative observation studies of 3–5 years olds in kindergarten, *SpringerPlus* 5: 950, 1–11.

9) 김미영, 문정민 (2011). 감성체험을 위한 공간의 어포던스 특성분석: 박물관 사례를 중심으로, **한국실내디자인학회논문집, 20**(4), 92–100.

10) Valanides, N. (2018). Technological tools: From technical affordances to educational affordances, *Problems of Education in the 21st Centaury, 76*(2), 116–119.

11) 8)과 동일

12) Niklasson, L. & Sandberg, A. (2010). Children and the outdoor environment, *European Early Childhood Education Research Journal, 18*(4), 485–496.

13) Bjorklund, D. F. & Gardiner, A. K. (2011). Object play and tool use: developmental and evolutionary perspectives. In A. D. Pellegrini (Ed.), *The oxford handbook of the development of play* (pp. 153–171), New York: Oxford

University Press, Inc.

14) McCullough, D. (2015). ***The Wright Brothers***, NY: Simon & Schuster. Retrieved from http://www.globaltoynews.com/2015/05/a-toy-inspired-the-wright-brothers.html

15) Wright seaplane base, inc. Retrieved from http://www.wrightseaplanebaseinc.org/blog/all-about-a-toy

16) Solis, S. L., Curtis, K. N., & Hates-Messinger, A. (2017). Children's exploration of physical phenomena during object play. *Journal of Resarch in Childhood Education, 31*(1), 122–140.

17) Lascarides, V. C. & Hinitz, B. E. (2000). *History of Early childhood Education.* NY: Falmer Press.

18) Kamii C. & DeVries, C. (1978). **물리적 지식활동**[*Physical knowledge in preschool education: Implications of Piaget's theory*]. (이경우, 문미옥 공역). 서울: 창지사. (원저 1978년 출판)

19) Kamii, C. (2004). **Piaget의 발생론적 인식론을 적용한 수학수업-3학년-** [*Young children continue to reinvent arithmetic-3rd grade: Implications of Piaget's theory*]. (강완, 김진호, 김연 공역). 서울: 경문사. (원저 1994년 출판)

20) 18)과 동일

21) Bricolage. (n.d.). In Merriam-Webster's online dictionary. Retrieved from https://www.merriam-webster.com/dictionary/bricolage

22) Lévi-Strauss, C. (2016). **야생의 사고**[*La Pansee Sauvage*]. (안정남 역). 서울: 한길사. (원저 1996년 출판)

23) 22)와 동일

24) Turkle, S. (2007). **내 인생의 의미있는 사물들**[*Evocative objects: Things we think with*]. (정나리아, 이은경 공역). 고양: 위즈덤하우스: 예담. (원저 2007년 출판)

25) 24)와 동일

26) Aljarra, A. (2016). Play as manifestation of children's imagination and creativity. *Journal for the Education of Gifted Young Scientists, 5*(1), 23–36.

27) 신은수, 김명순, 신동주, 이종희, 최석란 (2002). **놀이와 유아**, 서울: 이화여자대학교 출판부.

28) Piaget, J. (1962). *Play, dreams and imitation in childhood*, NY: W. W. Norton & Company, Inc.

29) 27)과 동일

30) 27)과 동일

31) 24)와 동일

32) Hanzel, I. (2012). Sue Savage-Rumbaugh's research into ape language-Science and methodology, *Organon F 19*, 2, 201-226.

33) Dansky, J. L. (1980). Make-believe: A mediator of the relationship between play and associative fluency. *Child Development, 51,* 576-579.

34) 26)과 동일

35) 32)와 동일

36) Feldhusen, J. F. & Westby, E. L. (2007). **창의적이고 정서적인 행동: 인지, 성격, 그리고 동기**. In Houtz, J. et al. (Eds.), **창의성을 부르는 심리학**[*The Educational Psychology of Creativity*] (김정희 역). (pp. 127-168). 서울: ㈜시그마프레스. (원저 2003년 출판)

37) Gardner, H. (2007). *Creating Minds: An Anatomy of Creativity as Seen Through the Lives of Freud, Einstein, Picasso, Stravinsky, Eliot, Graham, and Gandhi*[**열정과 기질**]. (임재서 역). 서울: 북스넛. (원저 1994년 출판)

38) 6)과 동일

39) Bruner, J. S. (1996). *The culture of education*. MA: Harvard University Press.

40) Bruner, J. S. (2010). **이야기 만들기: 법, 문학, 인간의 삶을 말하다**[*Making Stories: Law, Literature, Life*]. (강현석, 김경수 공역). 파주: 교육과학사. (원저 2002년 출판)

41) Russ, S. W. (1998). Play, creativity, and adaptive functioning: Implications for play interventions. *Journal of Clinical Child Psychology, 27*(4), 469-480.

42) 팽영일(2013). **비고츠키의 아동 창의성 이론의 현대적 의의, 사고개발**, 9(3), 141-161.

43) 로제 카이와(1994). **놀이와 인간**[*(Les)jeux et les hommes*]. (이상율 역). 서울: 문예출판사. (원저 1966년 출판)

44) Houtz, J. et al. (2007). **창의성을 부르는 심리학**[*The Educational Psychology of Creativity*]. (김정희 역). 서울: ㈜시그마프레스. (원저 2003년 출판)

45) 44)와 동일

46) 43)과 동일

47) 43)과 동일

48) 23)과 동일

49) Norris, J. (2012). Steppingstones to appreciating the importance of play in the

creative act. *Learing Landscapes, 6*(1), 299–314.

50) 공수경 (2016). 혼합현실을 활용한 어린이용 디바이스와 콘텐츠 개발: 어린이 완구 '스마트카' 개발을 중심으로, **디지털콘텐츠학회 논문지, 17**(5), 339–348.

51) 중앙일보 디지털영상 (2017. 5. 25). '포켓몬 고' 쓰였던 증강현실 기술, 암 수술에 활용한다. 2017년 5월 https://tv.naver.com/v/1713507 에서 2018년 2월 인출

52) 김성훈 (2014). 사용자 인지 경험 유도를 위한 어포던스 디자인에 관한 연구, **한국디자인문화학회, 20**(4), 87–96.

53) 조윤성 (2016). 모바일 UI 애니메이션과 사용자 몰입의 상관관계 연구, **한국디자인문화학회, 22**(2), 651–661.

놀이와 몰입:

CHAPTER 4

배움의 통로

놀이와 몰입: 배움의 통로

여는 글

아침에 눈을 뜨면 아침식사를 하고 골목으로 난 창을 바라본다. 벌써 아침을 먹은 친구가 나를 오랫동안 기다렸다는 듯이 “현정아 놀자.”라고 놀이를 청한다. 동네 아이들이 한 명씩 나와서 다양한 놀이를 시작한다. 나뭇가지로 흙을 긁어모으기도 하고 나뭇가지에 매달리기도 하고, 꽃잎으로 소꿉놀이를 하며 아이들은 바쁘다. 높은 흙더미를 쌓아서 모래성을 만든 아이는 솔방울을 주워 높은 곳에서 낮은 곳으로 굴려본다. 굴러가는 솔방울을 보며 깔깔 웃기도 하고, 돌멩이를 주워서 잘 굴러가는 것이 무엇인지 확인하기도 한다.

초등학교를 마치고 돌아온 상봉이 오빠는 흙산으로 달려가 경사면 실험을 하는 아이들을 살핀다. 그러고는 가장 동그랗게 생긴 돌이 빠르게 굴러간다는 사실을 동생에게 알려준다. 그러고는 잠시 고민하더니, 상봉이 오빠는 울퉁불퉁한 흙산 대신에 한쪽 귀퉁이에 버려진 상자를 가져와 경사면을 만든다. 동그란 모양이 잘 굴러가고 무엇이 빠른지 알기 위해서는 출발선이 같아야 된다는 것도 이야기한다. 그러면 동생들은 끄덕끄덕 새로운 이야기를 진지하게 듣는다. 아이들이 노는 소리에 온 동네가 떠들썩하다. 해가 뉘엿뉘엿 넘어가면 집에서 “밥 먹자.”라고 부르는 목소리가 여기저기 들려온다. 아이들은 “벌써 밥 먹는 시간이야.”, “더 놀고 싶은데.”라고 말하며 집으로 돌아간다.

동네에서 놀면서 어린 시절을 보낸 현정이는 유치원에 입학하였다. 유치원에 가면 노래도 부르고 그림도 그리고 공부도

할 것이라고 부모님께서 말씀하신다. 그 말에 현정이는 걱정을 한다. 초등학교를 다니는 상봉이 오빠가 공부하는 모습을 보면서 현정이는 학교에 대한 이미지를 떠올려본다. 상봉이 오빠는 학교에 대해 "글자쓰기, 시험치기, 받아쓰기도 하고, 교과서도 챙겨야 하고, 준비물도 미리미리 준비해야 되는 곳이야."라고 말한다. 두려움 반과 걱정 반으로 입학한 유치원을 다니며 현정이는 "유치원은 노는 곳이야. 즐겁고! 배우는 것도 많아."라고 말한다. 놀이를 즐기며, 그 안에서 배우는 것도 좋아하던 현정이가 중고등학교를 거친 뒤 성인이 되었을 때 어떤 모습일까? 현정이는 여전히 공부하기를 즐기는 아이로 자랐을까?

어린 시절 우리가 놀았던 경험을 떠올려보면 다양한 형태의 놀이를 발견할 수 있다. 자발적인 혼자놀이가 이루어지기도 하고, 놀이를 청하는 친구의 제안으로 놀이가 이루어지기도 한다. 나보다 지식이 많거나 놀이 경험이 풍부한 언니, 오빠들이 하는 주도적인 놀이를 따르며, 함께 놀이를 구성하기도 한다. 선생님과 함께 놀이하며 유아들은 다양한 경험 속에서 새로운 사실을 발견해간다. 유아들은 새로운 동작과 새로운 말을 매일 시도하며 학습을 즐기는 능력을 가진 존재로 끊임없이 지식을 탐구한다. 매일매일 새로운 것을 배우고 즐기며 유아는 성장한다. 새로운 능력을 학습할 때마다 유아들은 좋아하고 즐거워한다. 이러한 측면에서 몰입에 대한 연구가인 칙센트미하이(Mihaly Csikszentmihalyi)는 몰입이 충만하게 이루어지는 시기인 유아기에 관심을 가졌다.

하지만 학교교육을 받거나 학습에 대한 외부강요가 높아지면서 몰입하고, 배움에 즐거움을 느끼던 유아들의 모습은 곧 사라진다. 특히, 중고등학교의 사춘기 청소년이 되면서 "나는 안 될 것 같아.", "나는 못해요."라며 고정된 사고를 형성하여 시작도 하기 전에 도전을 포기해 버리기도 한다.

유아기가 생애발달에 있어 높은 몰입이 이루어지는 시기라고 논의되는 것은 놀이가 가진 가치 때문일 것이다. 유아들은 잘 놀고 있는 것일까? 본 장에서는 놀이에서 이루어지는 몰입의 과정과 배움을 통한 성장에 주목하여 놀이가 가진 가치를 유아의 입장과 교사의 입장에서 함께 살펴보고자 한다.

유아의 몰입을 이끌어 내는 놀이

유아교육의 이미지를 가장 잘 표현해주는 단어로 "놀이"가 있다. 유아교육의 강력한 주제인 놀이는 유아교육기관의 하루일과에서 빠질 수 없는 시간이자 생활의 대부분이다. 놀이 중심의 교육이 중요하다고 제안한 소파 방정환은 "어린이들이 고요히 배우고 즐거이 놀기에 족할 각양의 가정 또는 사회적 시설을 행하게 하라."라고 〈어린이 해방의 기초조항〉에서 권고하였다. 어른에게 드리는 글에는 "어린이들이 서로 모여서 즐겁게 놀 만한 놀이터나 기관 같은 것을 지어주시오."라는 내용을 포함하며 어린이의 성장에 가장 중요한 것이 기쁨이라고 규정하면서 어린이의 기쁨을 위해 놀이가 필요하다고 강조하였다.[1] 이제 놀이가 왜 즐거운지 몰입과 관련하여 이야기해 보려고 한다.

몰입경험: 놀이를 변형시키다

어떤 활동이나 작업에 몰입하는 사람은 배고픔과 피로를 잊은 채 쉬지 않고 몰두한다. 놀이를 즐기는 유아는 자유선택활동 시간을 마치는 것을 아쉬워하고, 끝까지 놀이 상황을 유지하고 싶어 한다. 3~4일 동안 같은 주제로 놀이를 하며 놀이를 확장하기도 한다. 외적 보상이나 성과가 없더라도 유아들은 과정을 즐긴다. 유아교육기관에서 이루어지는 놀이는 유아 자신의 경험세계를 표현하고 자기목적을 추구하며 능동적으로 경험의 질적 성장을 가져온다.

놀이하는 유아들의 모습을 관찰해 보면, 놀이 잘하는 유아들은 놀이에 빠져 시간이 어떻게 흘러가는지, 주변상황에 대해 전혀 의식하지 못하고 놀이에 집중한다. 관심 있는 일에 완전히 몰두하고 있는 정신적, 신체적 상태를 "몰입(flow)"이라고 한다.[2] 몰입은 자신이 수행하고 있는 일에 온전히 빠져 있는 상태를 의미한다. 몰입이라는 개념은 1975년 칙센트미하이가 〈Beyond Boredom and Anxiety〉라는 저서를 출간하며 도입한 개념이다. 헝가리에서 출생한 칙센트미하이는 2차 세계대전 이후 미국으로 이민을 간 뒤 전쟁을 경험하였는데, 전쟁 이후 열심히 살아가는 사람들을 보며 궁금증을 가지게 된다. "끔찍한 전쟁의 고통인 외상경험에서 금방 회복한 사람과 전쟁의 고통을 벗어나지 못하는 사람 간에는 어떤 차이가 있는가?", "행복한 삶을 사는 사람들은 무엇을 가졌는가?"에 대한 관심에서 출발하여 의식의 흐름에 대하여 연구하기 시작했다.

그가 제안한 몰입과 유사한 경험은 일상 곳곳에서 발견할 수 있다. 이를 테면, 마라토너는 달리면서 다양한 정서 상태를 경험한다. 한참을 달리다 보면 숨이 차 더 이상 달리기를 할 수 없는 힘든 고비가 오지만, 고비를 넘기고 나면 마라토너는 자신감이 충만해지고 더욱 달리기를 잘할 수 있는 힘이 생김을 느끼게 된다. 이러한 현상을 "마라토너 하이(Marathoners High)"라고 부른다. 몰입도 무언가에 골똘히 몰두한 뒤 시간이 빨리 흐르고, 무언가에 집중한 것 같다는 생각이 든다는 점에서 서로 유사한 점이 있다.[3] 또한 몰입경험을 통하여 위대한 학문적 성취를 이룬 학자인 아인슈타인(Albert Einstein)과 에어디시(Paul Erdos)의 삶에서 몰두 경험의 다른 차원을 발견할 수 있다.

알베르트 아인슈타인

폴 에어디시

아인슈타인은 자신이 고민하고 몰입한 경험에 대해 다음과 같이 말했다. "나는 몇 달이고 몇 년이고 생각하고 고민하는 것을 좋아한다. 그러다 보면 99번은 틀린다. 하지만 100번이 되면 결국 해결된다. 여러 번의 실패 끝에 맞는 답을 얻게 되는데, 그것이 나의 성장동력이다."라고 말했다. 아인슈타인은 고민하고 끊임없이 생각하다 보면 해결책이 떠오르는데 몰입은 창의적 생각을 깨우는 비법이라고 하였다. 에어디시는 조합론, 그래프이론, 정수론 등의 업적을 남긴 헝가리 수학자로, 수학분야에서 1,500편의 논문을 발표한 인물이다. 그는 어떻게 이렇게 많은 양의 논문을 발표하면서도 학문적으로 의미 있는 성취를 이룰 수 있었을까? 두 학자가 이룩한 성취 속에서 발견되는 공통점은 무엇인가? 그것은 바로 그들이 몰입을 경험하며, 그 과정에서 "높은 기술을 추구하고 어려운 것에 대한 도전"을 시도했기 때문이다. 즉 몰입은 과제난이도(challenge)와 개인능력(skill)이 높은 수준에서 균형을 이룰 때 나타난다.[4]

칙센트미하이가 제시한 최초의 몰입 모델(flow model)을 살펴보면, 시간의 변화에 따라 도전과 기술의 수준으로 인해 몰입이 어떻게 변화되는지를 발견할 수 있다. 도전(난이도) 수준이 자신의 능력 수준보다 뛰어나면 불안감을 느낀다. 반대로 능력 수준이 도전 수준보다 높으면 지루하다고 생각한다. 이러한 상황에서 몰입을 지속적으로 경험하기 위해서는 자신의 능력 수준과 과제의 난이도를 끊임없이 조정하는 과정이 필요하다.[5] 유아의 놀이 장면을 떠올리며 몰입의 역동성을 생각해 보자.

[그림 4-1]에 제시된 왼쪽 그림은 능력과 난이도의 차원에서 몰입이 불안, 지루함과 어떤 차이가 있는지를 밝힌 것이고 오른쪽 그림은 능력과 난이도의 각 수준에서 경험하는 특성을 보다 세분화하여 제시한 것이다. 왼쪽 그래프를 살펴보면,[6] 낮은 능력과 높은 도전의 상태(C1)에서는 불안감을 느끼게 된다. 불안상

태에 있는 유아가 몰입을 경험하기 위해서는 자신의 능력 수준을 높일 필요가 있다. 쌓기놀이를 즐기는 만 3세에게 경복궁 만들기 활동을 제안한다면 유아는 경복궁을 어떻게 만드는지 몰라서 쌓기놀이에 대한 어려움과 불안감을 느낄 것이다. 하지만 높은 능력과 낮은 도전성을 느끼는 상태(B1)에서 놀이가 이루어진다면 유아는 지루함을 느낀다. 익숙하게 해왔던 놀이이기 때문에 도전성이 낮아 유아는 "이 놀이는 쉬워요. 매일 하는 놀이예요."라며 새로운 놀이확장 방안을 모색할 것이다. 이처럼 놀이를 하면서 지루함을 느끼는 경우에는 과제의 수준을 높여서 조금 더 어려운 과제에 도전해야 몰입상태를 경험할 수 있다. A2에서의 유아는 몰입을 경험하지만 여기에서 느낄 수 있는 몰입경험은 최적의 상태가 아니다. 불안의 상태 또는 지루한 상태로 변화되므로, 진정한 몰입을 경험하기 위해서는 A3으로 나아가야 한다. A1, A2, A3으로 갈수록 경험의 복합성이 깊어져 몰입의 상태가 증가하게 되며 최적경험은 높은 수준의 도전과 능력이 조화를 이루어 몰입경험을 이끌어 낸다.[7)]

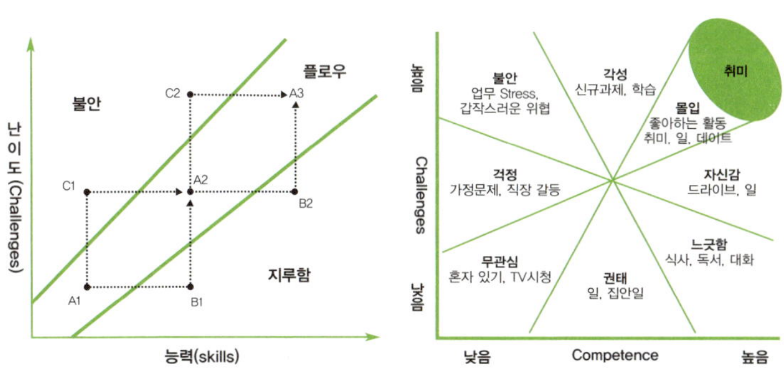

그림 4-1 몰입의 역동성

몰입은 최적경험(optimal experience)을 통해 이루어진다. 최적경험은 'Flow'라는 개념에 바탕을 둔 것으로 의식이 질서 있게 구성되고, 자아를 방어하는 외적 위협이 없는 자유로운 상태를 의미한다. 의식적 무질서의 상태에서 벗어나 정신적 에너지로 목표를 잘 수행할 수 있기 위해서는 최적경험이 필요하다. 이는 절정경험(peak experience)과도 유사하다. 절정경험은 개인에게 있어 즐겁고 흥분된 순간을 의미하며, 자신에 대한 고유 가치를 느끼며 긍정적으로 자신의 존재를 인식하게 되는 경험이다. 절정을 경험한 사람은 절정경험의 순간을 생생하게 기억할 뿐만 아니라 무아경지를 경험한다. 따라서 몰입을 하면 행복감을 경험할 뿐만 아니라 몰입이 가져오는 즐거움, 재미를 느끼게 된다.

유아가 놀이에 몰두하여 획득하는 행복감은 쾌락을 추구하는 오락과는 차이가 있다. 고차원적인 재미와 쾌락 중심의 재미는 서로 다른 즐거움으로,[8] 교육에서 추구해야 할 재미란 몰두하면서 획득하는 고차원적인 재미인 것이다. 몰입에서 경험하는 행복감은 내재적 만족감과 성취가 기반이 되는 자아실현적 행복에 더 가깝다. 몰입은 행위 자체를 즐길 때 삶이 향상될 수 있다는 사실을 깨닫도록 돕는다. 목표를 수립하고 이를 이루기 위해 최고의 집중력을 보인다면, 즐거움을 느끼게 된다. 즐거움을 한 번이라도 느낀 경우에는 또 경험하기 위해서 노력할 것이고 이러한 과정이 반복적으로 순환된다. 몰입을 하고 있는 순간이 항상 행복한 순간은 아닐 수 있다. 행복을 느끼기 위해서는 내면에 관심을 가지는 과정이 필요한데, 몰입을 마친 뒤 되돌아보면서 행복감을 느낄 수 있다. 암벽타기를 하는 산악인이 바위를 올라가며 매 순간 행복감을 느낀다면 발을 헛디디는 일이 생길지도 모른다. 블록을 높이 쌓는 과정에서 유아는 행복감을 느낄 만한 시간적 여유가 없다. 행복감은 일을 마무리한 뒤, 수행해 온 과정을 되돌아보며 느끼게 되는 것이다.

즉각적인 재미나 보상이 주어지지 않으므로 몰입은 내재적 동기에 기반한다. 오직 과제 그 자체에 대한 흥미나 과제 수행 과정에서 만족감을 느끼고 즐거움을 얻기 위해 자발적으로 행동하려는 동기에 기초한다는 의미이다. 외재적 동기는 자신이 하는 일에 대한 의미나 기쁨을 즐기지 못하고 다른 사람에게 칭찬을 받기 위해 행동을 하는 반면, 내재적 동기는 어떤 활동으로부터 자기목적적인 보상을 이끌어냄으로써 활동 그 자체에 재미를 느끼고 즐길 수 있도록 돕는다.

이러한 특성으로 인해 칙센트미하이는 몰입체험의 근원에 놀이가 있다고 밝혔다. 만족되는 체험 속에는 늘 놀이하는 행위가 관찰되는데 과도한 요구와 과소한 요구 사이에, 또는 즐거움을 추구하는 쾌락적 삶과 자아실현을 도모하는 삶 사이에 바로 놀이가 있음을 제안한 것이다.[9] 몰입과 놀이의 관련성을 앞서 제안한 하위징아(Johan Huizinga)[10]는 놀이가 인간의 마음을 사로잡으며, 놀이에 완전히 몰두하게 만드는 역할을 한다고 하였다. 퀴커리(Gene Quarrick)[11]는 놀이에 동참하는 사람들에게서 발견되는 공통된 특성인 의지적 정신활동에 주목하였으며, 정신적 활동에서 드러나는 정지된 몰입의 경험이 놀이가 가진 매력이라고 밝혔다. 이처럼 놀이에 참여하는 주체는 비의지적 상태에서 자기목적적 경험을 이루고자 몰입경험을 한다.[12] [13] 진정한 놀이는 자발성, 적극성, 재미, 행복감을 수반한 내적동기화된 상태에서 경험 가능하므로,[14) 15)] 몰입의 이론적 기원을 놀이에서 찾을 수 있는 것이다.

잘 노는 유아의 놀이를 관찰해 보면, 유아들이 몰입하고 있음을 발견하게 된다. 이러한 모습을 보면 주의집중력이 짧고 논리적 사고능력이 부족하다고 거론되는 유아기의 한계에 대한 논의가 정확하지 않다는 느낌이 든다. 유아들은 긴 시간 몰입을 하며, 자신에게 흥미 있는 경험을 지속적으로 표현하고자 한다. 놀이를 하는 순간의 유아들을 보면 오랫동안 "집중할 수 있는" 능력을 가지고 있음을 알 수 있다.

성인의 몰입특성과 유아의 놀이몰입은 일치할까?

유아는 놀이를 통하여 성장하고 놀면서 배운다. 그렇다면 놀이를 좋아하는 유아는 잘 놀이하는 스스로의 모습을 어떻게 생각할까? 유아에게 자신이 잘하는 것이 무엇인지를 그려보도록 하였다. 그림분석법을 통하여 유아 스스로 자신이 잘하는 모습을 표현하도록 함으로써 유아의 내부적 시각에서 잘한다고 판단되는 행동을 이해하고, 어떤 상황에서 유아는 유능감을 느끼고 몰입하는지를 간접적으로 살펴보았다. 그 결과, 달리기를 잘하는 유아, 공놀이를 잘하는 유아, 그림을 잘 그리는 유아, 잘 노는 유아 등의 모습을 자신의 강점이라고 응답하였다.[16)] 교사가 유아의 하루일과를 회상하며 기록하는 일상재구성법을 통해 유아강점 특성을 밝힌 연구[17)]에서도 교사는 즐겁게 놀이하는 유아, 다양한 주제로 놀이하는 유아, 놀이에 적극적으로 참여하는 유아의 행동을 보고 강점행동이라고 판단하였다. 이렇게 적극적으로 놀이하는 유아의 행동에 대해 유아, 유아교사는 뛰어난 성취를 보이는 강점행동이라고 이해하고 있었다.

그렇다면 어떠한 특성으로 놀이에 몰입하는 모습을 설명할 수 있을까? 우수한 성취를 이룬 사람 즉, 몰입하는 사람을 관찰한 뒤, 칙센트미하이[18]는 9가지 몰입의 특성을 규명하였다. 몰입은 도전과 기술의 균형, 행위와 지각의 일치, 명확한 목표, 구체적인 피드백, 과제에 대한 집중, 통제감, 자의식의 상실, 시간감각의 왜곡, 자기목적적 경험을 가지는 것으로 나타났다. 성인을 대상으로 도출된 몰입의 특성을 제시하면 다음과 같다.[19]

표 4-1 칙센트미하이가 설명한 몰입의 9가지 특성

내용	설명
도전과 기술의 균형 (challenge-skill balance)	도전은 적절한 개인의 기술이나 능력을 바탕으로 이루어진다. 도전과 기술이 서로 균형과 조화를 이룰 때 몰입경험이 깊어진다.
행위와 지각의 일치 (action-awareness merge)	몰입은 행위에 대한 지각이 일치할 때, 자발적이고 자동화된 수행이 이루어진다. 몰입을 경험하는 동안, 활동이 물 흐르듯 저절로 진행됨을 느낀다.[20] 행동과 지각이 거의 동시에 이루어져 행동 후 지각이 이루어지는지, 지각 후 행동이 이루어지는지를 구분하기 어렵다.
명확한 목표 (clear goal)	자신의 행동에 대한 명확한 지각과 더불어 목표를 달성하기 위해 능동적으로 문제를 해결하고자 한다.
구체적인 피드백 (unambiguous feedback)	수행 중의 활동에 대한 정확하고 신속한 피드백이 이루어지는 경우 몰입경험이 강화된다. 이는 자기 스스로 자신에게 제대로 수행하고 있는지, 그 활동이 조화롭게 진행되고 있는지에 대해 순간순간 깨닫고 구체적인 피드백을 상호교환한다.

내용	설명
과제에 대한 집중 (concentration on the task)	몰입상태에 있는 사람은 자신이 수행하고 있는 과제에만 전적으로 집중한다. 다른 사람이나 다른 과제에 관심을 가지기 보다는 자신의 과제에만 집중한다.
통제감 (sense of control)	몰입상태에서는 자신에 대한 고도의 통제감을 가진다. 실질적 노력 없이도 통제감을 느낀다. 곤란한 상황이나 예기치 못한 일이 발생했을 경우에도 자신은 모든 것을 할 수 있다고 느끼며, 그 상황을 스스로 통제한다.
자의식의 상실 (loss of self-consciousness)	몰입 상태에서는 활동과 자신이 하나가 되었음을 느낀다. 현재, 수행하고 있는 활동에 몰두한 상태에서 자신이 어떤 모습인지, 타인에게 어떻게 보이는지 등에 대해 신경 쓸 여유가 없다. 하지만 몰입경험을 마친 뒤, 새로운 능력과 성취를 통해 성장한 자아를 느낀다.
시간감각의 왜곡 (transformation of time)	시간 흐름에 대하여 왜곡된 상태를 경험한다. 몰입 이후, 시간을 인식할 때, 시간이 빠르게 흘러갔음을 느끼고, 몰입해 있는 순간에는 시간이 순간적으로 정지해 있음을 느낀다.
자기목적적 경험 (autotelic experience)	몰입하는 과정 자체에서 즐거움과 만족감을 느낀다. 몰입하는 행동을 지속하거나 몰입을 마친 이후에, 외적 보상이 없어도 만족감과 기쁨을 느끼며 활동을 하려고 하는 특성을 보인다.

위에서 밝힌 칙센트미하이의 9가지 몰입특성이 유아놀이에 모두 적용될까? 개인의 내면에서 이루어지며 복잡한 과정을 거치는 몰입의 특성으로 인해 유아 대상의 몰입경험 연구가 충분하게 이루어진 것은 아니지만, 자유선택활동시간에 나타난 몰입현상을 살펴본 연구[21]에 따르면, 유아가 참여하고 있는 놀이에 대한 분명한 목적이 선정되어 있을 때, 쉽게 몰입하는 경향이 있음을 밝혔다. 몰입하는 유아들에게는 공통적으로 나타나는 몸짓이 있는데, 계획된 놀이에서는 교사의 얼굴을 바라보거나 정해진 공간에서 신체를 자유롭게 움직였으며, 몸으로 감정을 발산하기도 했다. 그리고 자유롭게 변형하고 창조할 수 있

는 비구조적 놀잇감을 사용할 때 유아들은 더 몰입하였다. 놀이 속에서 발견된 몰입의 특성을 탐색적으로 살펴본 연구[22]에서도 놀이몰입은 문제해결능력, 놀이집중, 자의식상실, 시간변형과 밀접한 관련이 있음이 도출되었다. 놀이몰입도가 높은 유아들은 자신의 능력 이상의 문제가 주어져도 포기하지 않고, 적극적으로 문제를 해결하려는 경향이 강하며, 효과적인 놀이방법에 대한 프레임을 가지고 있다. 또한 놀이를 할 때 스스로 알아서 문제상황을 해결하고, 관심이 없는 다른 일에는 거의 신경을 쓰지 않으며 실수를 하더라도 좌절하지 않고 실수를 극복하기 위한 새로운 방안을 탐구하였다. 놀이에 빠진 유아는 "벌써 시간이 다 되었어요?"라고 말하며 시간이 빠르게 흘러갔다는 표현을 자주 했다.

이러한 연구물들을 통해 볼 때 놀이몰입경험이 높은 유아들은 목적성, 유능성, 관련성, 반응성의 4가지 특성을 가진다고 말할 수 있다. 놀이구성원이 동일한 목적을 가지고, 공동의 방향을 추구해야 하므로 유아가 놀이몰입을 경험하기 위해서는 공동의 주제가 있어야 한다(목적성). 유아는 놀이몰입을 경험하며 유능성을 느끼고, 이야기구성능력과 문제해결능력 등 인지능력을 발휘할 때, 자신이 능력 있는 존재임을 인식한다(유능성). 자신의 경험과 직접적인 관련이 있을 때 유아들은 더 관심을 가지고 몰입하며(관련성), 또래의 긍정적인 반응이 있을 때 몰입경험을 유아가 더 잘 경험한다(반응성).

그런데 현재 밝혀진 유아의 놀이몰입 특성은 관찰 가능한 외부적 맥락에서 파악된 것이다. 이는 유아놀이 행동에서 몰입하는 유아의 경험을 보다 심층적으로 탐구하며 유아기 고유의 몰입특성을 발견하는 것이 필요함[23][24]을 생각하게 한다.

그렇다면, 유아는 언제 놀이몰입을 경험하는가?

유아들이 몰입을 경험하는 맥락은 다양하다. 아주 단순한 행동에서 복잡한 행동까지 유아들은 다양한 맥락에서 최적경험과 몰입을 경험한다. 유아들이 주로 몰입을 경험하는 놀이맥락은 어떠할까?

우선 단순한 신체적 행위에서 유아들은 몰입하는 모습을 보인다. 유아들이 신체활동을 하며 몰입을 경험하는 이유는 무엇일까? 침대에 누운 영아가 장난감을 던진 뒤, 즐거워하는 모습은 평범한 능력에 불과하다. 하지만 목표물 안에 공을 넣고자 반복적으로 던지기를 했던 단순한 경험은 투창, 볼링, 투포환 던지기나 부메랑 던지기와 같은 놀이로 그 맥락이 점점 확장된다. 영아가 침대에 누워 목표한 놀잇감을 표적으로 맞추는 경험은 조금 더 높이 더 빨리, 더 강해질 수 있는 기회를 제공한다. 단순한 신체 행위가 몰입을 생성하는 놀이로 변형되도록 하기 위해서는 목표를 세운 뒤 실행 가능한 하위목표를 설정하고 그 목표를 이루기 위하여 시도해야 한다. 또한 설정한 목표가 달성된 것을 어떻게 측정할 수 있는지를 파악해야 한다. 따라서 하고 있는 일에 집중하고 도전목표를 최대한 세분화하여 구분하여 기술을 연마하고 도전하는 과정이 필요하다.

유사하게, 단순한 활동인 달리기에서도 복합적인 몰입경험을 할 수 있다. 어떤 경로를 따라 달리기를 할 것인지, 어디로 이동하기 위해 달리기를 하는 것인지에 대해 유아는 목표를 세워야 한다. 달리기를 할 때 재빠르게 달리기를 할 수 있는 방법, 능률적인 신체의 움직임을 발견하는 것도 중요한 경험이다. 오르막길을 달리거나 내리막길을 달리는 경우, 마라톤을 하거나 단거리 달리기를 하는 경우, 유아들은 지형에 맞춰 속도를 조절하고 움직임을 조절하는 방식을 파악하게 된다.

유아는 지적활동을 하면서 몰입을 경험하기도 한다. 놀이몰입이 나타나는 대표적인 놀이에 수수께끼와 말놀이가 있다. 수수께끼 게임이 체계적 지식의 중요한 전신이라고 한 하위징아의 견해와 같이 동음이의어를 활용하여 익살스러운 장면을 추구하거나 대화를 익살맞게 받아치는 과정을 통해 유아들은 언어를 통제하며 즐거움을 느낀다.[25] "판다를 판다."라는 말은 동물인 판다를 다른 사람에게 비용을 지불하고 살 수 있도록 한다는 의미와 판다라는 동사를 판다라는 다의적인 특성을 가진다. 동음이의어를 가진 단어를 통해 언어를 창조하며 유아들은 언어유희를 즐기고 몰입한다. 게임이 주는 즐거움이 인지적 몰입경험을 강화시킨다. 특히 놀이 상황에서는 언어의 창의성이 수용되는 공간이 존재하고 유머스러운 말장난의 대화가 놀이에 나타나기 때문에 놀이에 참여하는 유아들이 즐거움을 느낄 수 있다.

놀이를 경험한 유아들은 누구든 외적 조건에 압도되지 않고 스스로의 행동을 조절하고, 지금의 상황에서 내가 주인으로 느껴지는 순간을 경험하게 된다. 이때 유아는 긍정적 정서를 느끼고 행복감을 고양시켜 가고, 이러한 경험이 모여서 스스로 지향하고 싶은 삶의 이정표를 발견하게 된다. 유아들은 신체활동, 달리기, 지적활동 등 다양한 분야에서 몰입을 경험한다. 그러나 한편으로는 평생을 놀이와 몰입의 과정 속에서 삶을 유지하는 것은 어려운 도전일 수 있다.

그렇다면 놀이와 일의 경계에서는 언제 몰입을 경험할까? 청소년을 대상으로 놀이와 일의 관계를 파악한 결과를 살펴보면 흥미로운 사실을 발견할 수 있다.[26] 868명의 청소년을 대상으로 일주일 동안 [일 같은 활동], [놀이 같은 활동], [일-놀이 같은 활동], [일-놀이가 아닌 활동]이 무엇인지를 기록하도록 하였다. 이 연구는 경험추출법을 통해 하루일과 속에 나타난 일과 놀이 간의 경계를 파악하고자 한 실험이었다. 분석한 결과에 따르면, 청소년은 [일 같은 활동]과 [놀이 같은 활동]이 전체 활동에 각 29%를 차지하며 비슷한 비율을 보였다. [일-놀이가 아닌 활동]이라고 응답한 활동이 34%를 차지하며 높은 비율을 보였다. 가장 낮은 비율을 가진 활동이 바로 일이기도 하고 놀이이기도 한 활동을 하며 보낸 것으로 [일-놀이 같은 활동]은 9%를 차지하며 지극히 소수의 활동에서만 청소년은 몰입을 경험하고 있었다. 여기에 덧붙여 연령에 따라 일과 놀이라는 활동으로 응답한 비율의 차이를 살펴보면, 학년이 올라갈수록 자신이 하고 있는 일을 [일 같은 활동]으로 여기는 경향이 강해진다는 것이다. 이러한 결과는 놀이몰입에서 발견되는 재미라는 개념도 유아들의 연령, 성격 및 일상 경험에 따라 다양할 수 있음을 제언한다. 한 유아에게 재미있는 것(예: 물놀이 테이

블에서 놀이하는 것)이 일이 되는 순간 놀이는 더 이상 재미있지 않을 수도 있다.

위에서 살펴본 바와 같이, 유아의 놀이몰입경험은 복잡하고 다양한 맥락에서 이루어진다. 기본운동능력을 익히던 유아가 놀이를 통하여 복잡한 협력놀이를 즐기고, 게임을 통하여 서로 경쟁하는 놀이를 한다. 달리기를 즐기던 유아가 놀이를 통하여 지형을 이해하고 움직임을 조절하며, 수수께끼와 말놀이를 통하여 언어유희를 즐긴다. 이렇듯 유아의 놀이몰입은 일-놀이 같은 통합적 상황에서 보다 심화될 수 있을 것이다.

놀이에 대한 다양한 해석

놀이를 바라보는 관점, 놀이를 정의하는 내용, 놀이의 허용범위는 다양하다. 놀이는 유아의 성장과 발달을 촉진하고 놀이를 통해 학습이 이루어질 수 있다는 사실은 대부분의 유아교육학자들이 동의하는 바이다. 하지만 유아의 놀이를 해석하는 관점은 놀이를 바라보는 시각에 따라 다의적이다.[27] 유아교육현장에서 논의되는 다양한 생각에 귀 기울이며 놀이가 무엇인지 생각해 보자.

학자	놀이에 대한 생각
Van Hoorn, Nourot, Scales 과 Alward[28]	놀이 중심 교육과정은 자유방임주의 교육과정과는 다르다. 유아교육에서는 놀이 중심 교육과정을 통해 유아 발달을 도모한다. 교육과정에 적극적인 역할을 하고, 자발적인 놀이가 서로 균형을 이루고, 교사에 의해 안내된 놀이, 지시적 놀이, 놀이지도가 서로 조화를 이루며 놀이가 이루어진다.
Sutton-Smith[29]	놀이는 유아들이 다양한 문화를 경험할 수 있도록 돕는다. 우리는 놀이역할과 어린이문화를 통해 많은 것을 배울 수 있다는 사실을 잊고 지냈다. 놀이는 어른의 문화 사이를 오가는 통로가 되기도 하고, 교육적 관계에 축제역할을 한다. 교육을 강조하는 지시적인 놀이는 어른의 잘못으로 유아를 오염시키는 것과 같다. 자기들끼리 놀도록 격려해 주는 것이 더 낫다.
편해문[30]	공부하기 위해 태어난 것처럼 아이들을 공부에만 내몰고 있다. 놀 틈과 놀 터를 빼앗겨 몸과 마음이 병든 아이들 모습 너머 놀이의 아름다움, 놀이의 힘이 사라지고 있다. 아이들은 놀기 위해 세상에 온다.
문미옥[31]	자연물과 함께 여러 명이 어우러져 노는 놀이를 통해 사람과 사람의 관계를 존중하는 인성을 가질 수 있고, 자연과 인간과의 관계의 귀중함을 깨닫게 하는 것이 바로 우리 전통놀이이다.

위의 주장처럼 놀이에 대한 이야기는 동서양을 막론하고 다양하다. 놀이를 유아교육과정에 적용하는 방법에 대해 논의하기도 하고, 놀이에 나타난 문화를 강조하며 놀이를 정의하기도 한다. 잃어버린 놀이를 유아에게 찾아주거나 전통놀이가 가진 가치를 이야기하며 놀이에 대한 담론을 생산하기도 한다. 이와 같이 다양한 언어로 놀이를 형상화하는 과정은 단순히 언어라는 기호로 놀이를 개념화하려는 것이 아니라 놀이의 본질을 찾아가는 순수한 과정일 것이다. 놀이담론을 형성함에 있어서 놀이에 대한 유아들 사이의 일상적 대화는 놀이를 실행하는 유아들의 관점을 보여준다.

선생님 오신다. 그런데 선생님이 왜 우리에게 오는지 아니? 아마도 "무슨 놀이하니?" 하고 묻겠지? 왜냐면 우리가 궁금하거든. 우리가 자꾸자꾸 말하면 놀이 시간이 부족해질지도 몰라.

비가 싫고 눈도 싫고 황사도 싫어. 이런 날은 너무 싫어. 왜냐하면 바깥에서 못 노니까.

여러 담론 중 유아의 자율성을 강조하는 입장에서는 유아의 입장에서의 놀이, 그들의 관점에서의 자유놀이를 강조한다. 자유놀이는 유아가 흥미, 관심, 요구, 필요에 따라 자발적으로 놀이를 선택하여 활용하는 놀이방법이다. 자유놀이의 실천에는 흥미영역, 놀이방법, 놀잇감, 그리고 놀이를 계획하고 이끄는 교사의 역할 등에 기초한 엄격한 규칙이나 형식보다는 열려진 환경이 중요하게 다루어진다. 놀이에서 학습목적이 강조되면 놀이의 본연적 특성이 사라질 수 있다는 입장인 것이다. 이러한 관점에서는 자유선택과 자발성을 강조하며 교수-학습적 기반을 강조하는 놀이를 비판한다. 포스트모더니즘 이론가와 유아교육 재개념주의자들은 미래의 학업 산출 결과에 놀이의 초점을 둘 때, 놀이가 갖는 고유한 즐거움과 "지금 여기"라는 가치는 사라질 수 있다고 보았다.[32][33][34]

한편에서는 놀이에서의 교사, 혹은 성인의 역할을 중요하게 생각한다. 이러한 입장에서는 유아가 몰입하고 경험을 통합하는 기회를 제공하는 것이 상대적으로 덜 강조될 수도 있다. 이러한 입장 안에서도 강조점이 각기 다르다. 교육적 의도를 가지고 있으나 교사가 안내하는 놀이는 놀이를 함께 구성하며 유아의 목소리와 의견을 놀이에 반영하도록 지원하는 역할을 중요하게 생각한다. 이와 달리 학습 중심 접근으로서의 놀이(Nonplay approach)는 놀이와 학습을 구분되는 것으로 본다. 놀이보다 학습이 더 중요하다고 보지만 놀이는 즐거움을 주는 요인이므로 이에 초점을 두고 학습과정을 마친 후에 게임형식으로 놀이를 제공한다.

때로는 협의의 접근과 광의의 접근으로 구분하기도 하는데, 협의의 놀이개입(Narrowly focused play intervention)은 사회극적 놀이, 블록놀이, 규칙 있는 게임이 지니는 가치를 높게 평가한다. 교사가 사회극적 놀이에 개입할 때 내적 관련성이 높아진다고 보아 구체적인 놀이 능력–가상놀이행동과 역할놀이를 증진시키기 위해 노력한다. 따라서 유아가 소꿉영역에서 놀이할 때, 교사는 가상놀이, 언어, 사회적 상호작용, 지속성을 증진시키기 위해 풍부하게 상호작용한다. 광의의 발달적 접근(Broad–based developmental approach)으로 놀이에 접근하기도 하는데, 이는 모든 유형의 놀이는 유아에게 유용하다는 관점이다. 유아는 놀이함으로써 광범위한 범위의 인지, 사회, 놀이기술을 습득하며, 교사는 모든 영역의 발달을 조성하기 위해 개입할 수 있다고 본다.

놀이에 대한 여러 관점을 보면 우리가 놀이와 학습에 대해 어떻게 이해하는지를 공유하는 것이 필요하다는 생각이 든다. 그리고 지금 우리에게 중요한 것은 유아가 자발적인 흥미와 호기심에 기반하여 놀이하고, 배우고, 성장하는 과정을 돕는 데 필요한 것이 무엇인지 함께 탐구하는 것이다.

놀이를 통한 배움 :
교사-유아의 복잡한 관계

놀이를 하면서 유아와 유아, 유아와 교사는 함께 배우고 성장한다. 교사가 해석하고 준비한 것을 유아에게 일방적으로 가르치거나 지식을 전달하는 수업에는 함께 배우는 배움이 일어나기 어렵다. 교육에 있어 가장 중요한 것은 교사와 유아 간의 신뢰와 사랑으로 맺어진 관계이다. 놀이를 통한 배움에 대해 동의하는 정도에 따라, 놀이를 통한 배움의 깊이가 달라진다. 놀이는 교사의 배움과 유아의 배움이 동시에 이루어지는 과정으로, 유아의 성장과 교사의 성장이 함께 이루어지는 공간을 만든다. 놀이에서 유아와 교사는 "서로 가르쳐주는" 관계가 아니라 "서로 배우는" 관계이다. 본 절에서는 유아가 놀이에 몰입하면서 어떻게 성장하는지, 교사는 놀이 상황에 몰입하면서 수업몰입을 어떻게 경험하고 성장하는지에 대한 생각을 풀어보고자 한다.

유아의 성장: 배움이 깊어지다

유아는 태어나면서부터 세상을 이해하고자 다양한 것을 배워나간다. 홀트(John Holt)[35]는 유아의 성장과 배움의 과정을 다음과 같이 표현했다.

> "유아들이 태어난 이후 자연과 인간 세계에 대해 다양하게 배운다. 특히 유아기 때 배운 것의 가치는 그 후에 배우는 모든 것의 가치를 능가한다. 지나치게 서두르거나 유아를 가르치려고 주입하다 보면 유아가 가지고 타고난 배움의 능력과 열정이 사라질 수도 있다. 유아의 성장을 도모하기 위해서는 세상에 대한 호기심, 용기, 자신감, 독립심, 자기주도성을 키워 주어야 하며, 이를 위해서는 아이들을 사랑하고 그들과 함께하는 매 순간을 기쁘게 즐기는 것이 필요하다. 유아들이 성장하고 배워감에 있어 다양한 놀이와 실험을 하는데, 그 성장과 배움의 과정이 성인이 보기에는 느리고 비효율적일지라도 유아는 생애 어느 시기보다 빠르고 효율적으로 배운다."

유아는 놀이를 하면서 성장한다. 놀이를 하면서 유아들은 서로의 생각과 궁금한 점을 서로 주고 받는다. 상당수의 초중등학생이 학습을 "지루함, 어려움, 즐겁지 않음, 머리 아픔, 스트레스 받음, 시간이 안 감……"으로 떠올리며 부정적인 정서로 인식하는 것[36]과 달리 유아는 놀이–몰입으로 이르는 과정을 통해 배움에 이른다. 유아들은 놀이를 통해 몰입을 경험하고, 몰입은 지식을 이해하고 구성하는 과정에서 중요한 역할을 한다.[37] 몰입 자체는 성장과 배움의 과정을 대변할 뿐만 아니라 다차원적인 경험을 반영한다는 점에서 그 가치가 높다.[38]

그리고 놀이를 경험하는 유아는 긍정적 정서를 경험한다. 놀이하는 유아를 살펴보면 즐거움, 만족감, 사랑, 희망과 같은 긍정정서를 경험하고 있음을 관찰할 수 있다. 미국 노스캐롤라이나 대학의 심리학과 교수인 프레드릭슨(Barbara Fredrickson)[39]은 2001년 9 · 11 테러를 경험한 사람들의 특성을 연구하면서 긍정정서의 가치를 발견하였다. 테러를 경험한 사람들 중 긍정정서가 높은 사람들은 두려움을 극복하는 심리적 근력인 회복탄력성과 적응력을 높였다. 긍정정서의 "확장 및 구축이론(broaden-and-build theory)"에 따르면 긍정적 정서의 경험은 개인적 자원을 확장하고 축적하는 기능을 한다. 분노, 불안, 근심과 같은 부정적 정서와는 달리 기쁨, 만족, 관심, 사랑 등의 긍정정서는 신체적 자원으로 역할을 하며 신체적 강점, 심혈관 건강을 증진한다. 따라서 놀이를 통해 몰입과 긍정정서를 경험하는 유아는 문제해결능력이 향상되고, 대인관계 형성에 긍정적인 영향을 받게 된다. 이처럼 긍정정서는 개인 자원의 범위를 넓혀서 사고와 행동이 확장되도록 이끌기 때문에 긍정정서로 확장된 역량은 긍정정서가 사라진 이후에도 지속되어 다른 상황에서 긍정정서의 효과를 활용할 수 있게 된다.[40][41]

뿐만 아니라 놀이를 경험하는 유아는 학습의 의미를 찾는다. 놀이는 유아가 새로 유입되는 정보를 기존의 지식에 동화하도록 해 주며, 그 정보가 개인적으로 의미를 갖게 해 준다. 놀이의 비실제성은 내적 실제가 외적 실제에 우선하는 놀이 틀을 형성한다. 즉, 사물의 일상적 의미는 무시되며 새로운 의미가 대치되도록 한다. 놀이를 하면서 유아는 자신이 설정한 가설을 실험하고 반성적으로 사고하며, 질문을 제기하고 해답을 만들어 보는 지속적이고 능동적인 학습능력을 기른다.[42] 학습과정에서 이미 알고 있는 것에 연관되지 않는 새로운 정보는 겨우 3~7%만이 기억된 반면, 과거 지식과 연관된 정보는 13%, 개별 학습자의 독특한 경험과 연관된 정보는 30%가 기억되었다. 의미 있는 학습은 새로운 정보가 기존에 학습된 정보의 맥락 내에서 조직되도록 해 주며, 만약 이전에 학습한 정보가 개인적으로 의미가 있다면 새로운 정보는 훨씬 더 잘 학습되고 인출된다. 의미 있는 맥락에서 벗어나 별개로 학습한 사실은 쉽게 잊혀진다.[43] 놀이를 즐기는 유아는 새로운 지식을 잊지 않고 필요할 때 적절하게 인출하고 상기한다. 이처럼 삶 속에서 의미를 찾는 과정은 나의 존재를 발견하는 데 도움을 준다. 즐겁지만 의미 없는 활동에 대해서는 공허함을 느낀다. 즐겁지 않지만 의미 있는 활동은 활동을 지속시켜 나가는 힘을 기르는 데 도움을 준다. 이렇듯 의미부여의 과정은 겉으로 전혀 관계가 없어 보이는 것이 어떤 관계를 가지는지를 서로 연결하고 그것으로부터 소중한 가치를 발견하는 과정이다.[44][45][46]

이 과정에서 중요한 것은 선택이다. 리코나(Thomas Lickona)[47]는 〈착한 아이로 키우기〉라는 저서에서 자유선택의 과정이 중요하다고 하였다. 리코나는 길을 건널 때마다 안전상의 이유로 아들의 손을 잡았는데 그때마다 아들은 잡힌 손을 빼내려고 했다. 이러한 문제를 풀기 위하여 아들에게 “길 건널 때 어느 쪽 손을 잡을지 선택해.”라고 했다. 그랬더니 아들은 당장 아빠의 손에 자신의 작은 손을 올려놓고 길을 건넜다. 아들은 자신이 선택했다고 믿었고, 자유롭게 선택할 기회가 있었기 때문에 강요가 아니라 자신의 선택에 의미를 부여할 수 있었다. 선택은 유아들에게 힘을 실어준다. 어떤 교육 활동을 할지 스스로 선택할 때 유아는 그 활동을 중요하게 느끼고 전력을 다한다. 선택은 그 활동이 유아의 흥미 및 능력에 적합한 것이 된다. 놀이 활동을 선택하고 추구할 때, 유아는 그 활동이 자신의 근접발달영역–일반적으로 영역의 아래쪽–에 들어가 있는 것임을 공표하는 것이다. 그러면 그 활동이 계속 근접발달영역에 속하도록 하고, 그 활동이 놀이라고 유아가 계속 느낄 수 있도록 놀이의 특성을 충분히 유지하는 동시에, 놀이를 통해 유아가 교육 목표를 학습하고 보다 높은 수행 수준으로 올라가도록 비계를 설정하는 것은 교사에게 달려 있다.

이상에서 살펴본 바와 같이, 유아는 놀이를 하면서 성장하고 긍정정서를 경험한다. 또한 자유선택으로 동기를 높이며 균형감 있는 놀이를 경험할 수 있다. 놀이를 통한 배움에는 유아의 도전성이 있기에 지속적인 성장이 가능하다. 하지만 교사가 지식을 전달하는 방식을 지나치게 강조하면, 그 배움에는 유아가 스스로 도전할 수 있는 기회가 빠져 있다. 놀이는 유아가 어떤 놀이를 하고 싶은지, 어떤 생각을 하는지, 무엇을 알고 싶어 하는지, 무엇을 모르는지에 대해 깊이 생각할 수 있는 기회를 제공한다는 점에서 유아의 배움이 일어나는 것을 돕는다. 또한, 혼자서는 도전하기 어려울 때, 노력해도 문제가 잘 해결되지 않을 때 유아는 배우고 싶어 하는 동기를 강화시키는데 놀이 상황에서는 배우고자 하는 열정을 더 강화시킨다는 것을 기억해야 한다.

교사의 성장: 배움과 가르침이 깊어지다

유아교육은 유아 중심과 놀이 중심을 강조함과 동시에 수업의 수월성이나 효과성도 강조한다. 특히 최근 들어서는 모든 학교

급에서 교원의 책무성과 전문성의 강화를 위하여 수업연구대회, 수업장학, 컨설팅 등 학교현장에서 수업을 과학화하고 공학적으로 체계화하려는 노력을 하고 있다. 과학적으로 수업을 이해하려는 노력은 교사들이 가르침 안에서 자신의 배움을 발견하기 어렵게 만들기도 한다. 강현석[48]은 수업을 이해하는 기존 방식이 객관주의에 기초한 탈맥락성, 수업표준화 경향 등으로 이루어지기 때문에, 수업 속에서 예술적 특성을 발견하기 위한 대안적 안목이 중요하다고 보았다. 이러한 대안적 안목 중의 하나로 좋은 수업에 대한 예술적 접근이 강조되고 있다.[49][50] 교사의 반성적 사고 및 실천적 지식을 고찰하고자 재개념주의, 포스트모더니즘, 탈구조주의 등의 다양한 담론과 관점으로 교실을 심층적으로 이해하려는 움직임도 있다.[51] 이러한 움직임들은 학습자의 미세하고 풍부한 반응에 공명하고 학습자와 교사 모두 지적, 정서적인 융합을 경험하게 되는 미적 체험을 강조한다.[52]

이러한 맥락에서 현대 심리학의 새로운 움직임인 긍정심리학[53]은 개인이 가진 주관적 경험과 긍정적 특성을 기초로 교수성찰 과정을 탐구하고자 시도하였다. 이들은 재미와 즐거움이라는 내적동기를 수반하는 몰입이 교사가 학습목표달성이나 효과적인 교수를 위해 노력할 때 의미를 줄 수 있다고 보았다. 과학적 원리와 교사의 판단 사이를 채울 수 있는 공간이 가르침의 기예성과 예술성이라고 할 때[54] 몰입은 이 두 개념을 연결하는 역할을 한다는 것이다. 따라서 유아교육현장에서 교수몰입은 수업의 과학성과 창조적 수업 즉, 수업의 예술성 간의 간극을 채워주는 역할을 할 수 있다고 제안하고자 한다.

그런데 교사가 유아교육현장에서 교수몰입을 경험하는 형태는 두 가지 종류로 구분될 수 있다.[55] 첫째 교사가 교직업무 자체에 관여하여 몰입하는 경우이며, 둘째 교실에서 일어나는 유아들과 상호작용을 하며 몰입하는 경우이다.[56] 그 중 교사가 주로 경험하는 몰입은 자신의 수업 시간에 주로 발견된다. 교사의 전문성을 가장 잘 나타내는 교사 본연의 업무인 교수몰입의 경험은 교사로서의 만족감과 수업에 대한 내적동기와 성취감을 증진하도록 돕는다. 몰입은 내적동기와 자기목적성을 높여, 학습결과에만 초점을 두는 것이 아니라 교수활동 자체가 목적이 되어 좋은 수업연구를 탐구하는 과정에 초점을 두고 수업을 이해하게 한다.

유아교육에서 이루어진 연구에서 교수몰입 정도가 높은 유아교사는 교수행위와 유아교육기관에 더 헌신적이고, 실패를 극복하려는 긍정적 심리특성이 높다.[57] 중학교 교사에게도 교수몰입이 개인과 조직에 긍정적인 영향을 주었으며[58] 초 · 중 · 고등학교 교사를 대상으로 한 연구[59]에서 교수몰입경험은 교사가 주어진 과업에 전적으로 몰두할 때 발생했다. 교수몰입은 자발적이고 자동적이어서 교사가 임무를 수행할 때, 자신을 의식적으로 인식하지 못하는 특성을 보이기도 한다. 하지만 학습 상황에 교수몰입을 하는 교사는 교사효능감과 심리적 정신건강 수준이 높았다.

조금 더 생각해 보자. 교사가 교수몰입경험을 한다면 학습자도 함께 학습몰입을 하게 될까? 교수몰입과 학습자의 관계를 밝힌 연구에서 칙센트미하이[60]는 교사가 교수몰입상태에 있으면 학생도 몰입상태를 경험하기 쉽지만 학생이 몰입상태에 있다고 하더라도 교사는 교수몰입감을 느끼는 못하는 경우가 있다고 하면서 교사의 교수몰입상태와 학습자의 몰입상태가 반드시 일치하는 것은 아니라고 주장하였다. 다만 자율성, 긍정적 피드백, 협력적 사회지원 등이 교사의 도전과 기술 간 균형에 긍정적 영향을 줌으로써 몰입경험을 돕고 교수몰입이 교사에게서 학생으로 전이될 수 있음을 밝혔다.[61] 교사가 교수몰입상태를 많이 경험할수록 학습자에게 열정적이고, 분명한 피드백을 제공할 뿐만 아니라 학생들이 스스로 목표를 세우고 자신의 관심영역에 더욱 흥미를 가진다. 건더슨(John Gunderson)[62]은 효과적으로 수업을 진행하는 교사일수록 교수몰입경험이 많았고, 학생들의 의견을 수렴하고, 긴밀한 상호작용을 시도한다고 하였다. 교수몰입에 대한 다양한 연구를 종합해 볼 때, 교사가 교수활동에 몰입을 하게 되면 교사 개인의 행복과 삶의 질이 향상되는 것은 물론이고 학습자의 몰입과 인지적 관여를 증진시킴으로써 교사의 성장과 발달을 강화시킨다고 볼 수 있다.

다시 말해 유아가 놀이에 몰입하고 교사가 교수몰입을 하는 경우, 함께 놀이를 구성하는 놀이공동체이자 학습공동체가 형성된다. 학습공동체(Learning Community)는 학습을 위하여 자발적으로 구성된 집단이므로 구성원들이 상호협력하여 학습에 긍정적 가치를 부여하고 학습활동에 있어 적극성을 도모한다.[63] 학습공동체는 공동의 탐구과정에 참여하고, 학습자 개개인의 지식을 향상시켜 궁극적으로는 함께 지식을 구성하게 된다.[64]

유아와 교사 모두에게 배움이 중심이 된다면, 교사는 유아들이 놀이를 통해 무엇을 배우는지에 더욱 깊은 관심을 가지게 될 것이다. 따라서 유아의 흥미와 경험에 기반을 둔 놀이를 가장 중요한 가치에 놓을 수 있게 될 것이다. 그리고 함께 배우는 삶에 대해 고민하고, 상호 간 관계 속에서 교류하며 진짜 배움에 이를 수 있게 될 것이다. 놀이와 몰입, 배움에 대한 진지한 성찰과 고민의 과정은 자신과 유아들이 어떻게 배워나갈지에 대한 '새로운 배움'을 확장시키도록 이끌어 줄 것이기 때문이다.

닫는 글

유아기는 놀이와 몰입을 충만하게 경험하는 시기이다. 칙센트미하이에 따르면 유아들은 태어나면서부터 새로운 동작과 새로운 말을 매일 시도하며 학습을 즐기는 능력을 가진 존재로, 끊임없이 지식을 탐구하는 과정에서 몰입을 경험한다고 한다. 끊임없는 도전과 성취의 과정에서 다양한 성공과 실패를 경험하며 유아들은 성장한다. 불안도 이겨내고 어려움도 극복하면서 삶에 대한 주도성을 높여간다.

앞서 우리가 만났던 현정이는 어떤 아이로 자랐을까? 놀이를 즐기던 현정이가 중고등학교를 거친 뒤 성인이 되었을 때 놀이, 공부, 그리고 학교에 대해 무엇이라고 말할지에 대해 우리는 고민해 보아야 할 것이다. 교사는 배움을 즐기는 유아로 성장할 수 있도록 하기 위해 무엇을 해야 하는지, 놀면서 배우는 유아의 특성을 지속시키기 위해서는 어떤 능력을 길러주어야 하는지 생각하는 존재여야 한다. 유아기 때 충분히 몰입하고 배움을 즐기게 된다면 평생 학습하는 것을 즐기는 성인으로 자라게 될 것이기 때문이다.

다시 한 번 강조하면, 놀이 속에 몰입과 배움이 서로 조화되기 위해서는 배움에 대한 이해가 필요하다. 공부가 무리해서 행하는 일, 항상 마지막이 있는 일, 주어진 과제를 처리하는 일을 포함하는 개념이라면, 배움이라는 개념은 주체적으로 행하는 일로, 끝과 마무리를 준비하는 것이 아니라 시작을 무엇으로 할 것인지에 초점을 둔다.[66] 배움을 기반으로 한 자기주도적인 성장이 이루어지기 위해서는 유아에게 놀이몰입이 일어날 기회를 제공해야 하며, 교사는 놀이공동체의 일원으로 가르치고 함께 놀이하는 동반자가 될 수 있는 배움의 장에 참여해야 한다.[67]

놀이는 유아의 성장과 교사의 성장이 동반될 때 이상적이다. 놀이에서 배움과 성장의 가치는 놀이를 지원하는 교사와 가정의 담론이 조화를 이룰 때 발견 가능하다. 유아가 어떻게 놀이하고 어떤 것에 관심을 가지는지 지속적으로 관찰하고 유아의 관심과 호기심을 이해하려는 노력을 한다면, 유아가 무엇에 몰입하는지, 유아가 배우고 성장하는 과정이 얼마나 중요한지를 느낄 수 있을 것이다.

생각해 봅시다

1. 유아교육현장에서 교사의 교수몰입과 유아의 놀이몰입 중 무엇이 중요하다고 생각하는가? 유아교육현장에서 몰입이 이루어질 때, 유아교사의 교수몰입, 유아의 놀이몰입 중 어떤 것이 선행되어야 한다고 생각되는지 토론해 보자.

2. 유아가 놀이를 하면서 몰입할 때 어떤 특성이 나타나는가? 놀이 몰입에서 관찰되는 유아 행동적 특성을 칙센트미하이가 밝힌 9가지의 특성에 비추어 생각해 보자.

한 번 더 읽어볼 만한 책

1. EBS 학교고백 제작팀(2013). **스스로 가능성을 여는 아이의 발견**. 서울: 북하우스.

2. 칙센트미하이(2011). **미스터 몰입과의 대화: 일, 놀이, 삶의 기쁨에 대하여**. 서울: 위즈덤하우스.

참고 문헌

1) 이상금 (2005). **사랑의 선물**. 서울: 한림출판사.

2) Csikszentmihalyi, M. (1996). *Finding Flow: The Psychology of Engagement With Everyday Life*. New York: Basic Books.

3) Csikszentmihalyi, M. (2003). **창의성의 즐거움**. (노혜숙 역). 서울: 북로드. (원저 1997년 출판)

4) Mainemelis, C. (2001). When the Muse Takes It All: A Model for the Experience of Timelessness in Organizations. *The Academy of Management Review, 26* (4): 548–565.

5) 3)과 동일

6) 5)와 동일

7) Csikszentmihalyi, M. (1999). **몰입의 즐거움**. (이희재 역). 서울: 해냄출판사. (원저 1996년 출판)

8) Huizinga, G. (2001). **호모 루덴스**. (김윤수 역). 서울: 까치. (원저 1950년 출판)

9) 7)과 동일

10) 8)과 동일

11) Quarrick, G. (1989). *Our Sweetest Hours: Recreation and the Mental State of Absorption*, Jefferson, NC: McFarland & Company.

12) 안병욱 (2012). 여가활동 참여자의 여가태도, 몰입, 만족 및 재참여와의 관계. **여가웰니스학회지**, 3(2), 11–20.

13) Kieff, J. E., & Casbergue, R. M. (2000). *Playful learning and teaching: Integrating play into preschool and primary programs*. Boston: Allyn and Bacon.

14) Bobbitt, J. F. (1918). *The curriculum*. Boston, MA: Houghton Mifflin.

15) Bobbitt, J. F. (2013). Scientific method in curriculum-making. In *Curriculum Studies Reader*. New York: Routledge.

16) 탁정화 (2017). 유아강점척도개발연구. 부산대학교 대학원 박사학위논문.

17) 16)과 동일

18) Csikszentmihalyi, M. (2009). **몰입의 재발견**. (김우열 역). 서울: 한국경제신문. (원저 1993년 출판)

19) Csikszentmihalyi, M. (2004). **Flow: 미치도록 행복한 나를 만난다.** (최인수 역). 서울: 한올림. (원저 1993년 출판)

20) Jackson, Susan A. & Csikszentmihalyi, M. (1999), *Flow in Sports: The Keys to Optimal Experiences and Performances*, Champaign, Illinois: Human Kinetics Publishers.

21) 임부연, 오정희, 최남정 (2008). 비구조적인 자유놀이 시간에 유아들이 보여주는 '진짜 재미있는 놀이'에 대한 현상학적 연구. **유아교육연구, 28**(1), 185–209.

22) 나은숙 (2013). 유아놀이 몰입 척도 개발 및 타당화. **어린이문학교육연구, 14**(4), 589–608.

23) 나은숙 (2008). 유아의 몰입특성에 대한 연구. **한국보육학회지, 8**(4), 67–90.

24) 나은숙, 한수정 (2011). 유아가 자유선택활동에 몰입하는 맥락에 관한 연구. **유아교육 · 보육행정연구, 15**(1), 59–78.

25) 8)과 동일

26) Csikszentmihalyi, M., & Schneider, B. (2001). *Becoming adult: How teenagers prepare for the world of work*. New York: Basic Books.

27) Guttman, M., & Frederiksen, C. H. (1985). Preschool children's narratives: linking story comprehension, production and play discourse. *Play, language and stories: The development of children's literate behavior,* 69–92.

28) Van Hoorn, J., Nourot, P., Scales, B., & Alward, K. (2007). *Play at the center of the curriculum*. New York: Macmillan.

29) Sutton, R. S., & Barto, A. G. (1998). *Introduction to reinforcement learning*. Cambridge: MIT press.

30) 편해문 (2018). **아이들은 놀기 위해 세상에 온다**. 서울: 소나무.

31) 문미옥 (2012). 옛 문헌에 나타난 팽이의 유래와 놀이방법. **유아교육연구, 32**(4), 445–464.

32) Henricks, T. S. (2001). Play and postmodernism. *Play and culture studies, 3,* 51–72.

33) 양옥승 (2002). 유아교육과정의 재개념화. **교육과정연구, 20**(1), 53–73.

34) 신은수, 김명순, 신동주, 이종희, 최석란 (2002). **놀이와 유아**. 서울: 이화여자대학교 출판부.

35) Holt, J. (2017). *How children learn*. New York: Hachette UK.

36) 최인철 (2018). **굿라이프**. 서울: 21세기북스.

37) Shulman, L. S. (2002). Making differences: A table of learning. *Change: The Magazine of Higher Learning, 34(*6), 36–44.

38) Singer, D. G., Golinkoff, R. M., & Hirsh–Pasek, K. (2006). *Play= Learning: How play motivates and enhances children's cognitive and social-emotional growth*. New York: Oxford University Press.

39) Fredrickson, B. L. (2001). The role of positive emotions in positive psychology: The broaden–and–build theory of positive emotions. *American psychologist, 56*(3), 218.

40) Fredrickson, B. L. (2013). Positive emotions broaden and build. In *Advances in experimental social psychology, 47*, 1–53.

41) Kinner, E. A., & Belmont, M. J. (1993). Motivation in the classroom: Reciprocal effects of teacher behavior and student engagement across the school year. *Journal of educational psychology, 85*(4), 571.

42) Bredekamp, S., & Copple, C. (1997). *Developmentally appropriate practice in early childhood education.* Washington, DC: National Association for the Education of Young Children.

43) Gathercole, S. E., Willis, C. S., Baddeley, A. D., & Emslie, H. (1994). The children's test of nonword repetition: A test of phonological working memory. *Memory, 2*(2), 103–127.

44) 34)와 동일

45) 28)과 동일

46) 33)과 동일

47) Lickona, T. (1983). *Raising good children: Helping your children through the stages of moral development.* New York: Bantam.

48) 강현석 (2007). 교사의 실천적 지식으로서의 내러티브에 의한 수업비평의 지평과 가치 탐색. **교육과정연구, 25**(2), 1–35.

49) 임부연, 양혜련, 송진영 (2012). 유아가 경험하는 교실 공간의 의미. **열린유아교육연구, 17**(4), 249–272.

50) 임수진, 이혜원 (2008). 심미적 접근을 통한 유아교육과정의 재개념화. **교육의 이론과 실천, 13**(1), 155–173.

51) 양옥승 (2002). 유아교육과정의 재개념화 : 포스트모더니즘적 관점에서 유치원의 자유놀이에 대한 이해. **교육과정연구, 20**(1), 53–73.

52) 이혁규 (2013). **수업: 누구나 경험하지만 누구도 잘 모르는**. 서울: 교육공동체 벗.

53) Seligman, M. (2018). PERMA and the building blocks of well-being. *The Journal of Positive Psychology, 13*(4), 333–335.

54) Eisner, E. W. (1983). Anastasia might still be alive, but the monarchy is dead. *Educational Researcher, 12*(5), 13–14.

55) Csikszentmihalyi, M. (1996). *Creativity: Flow and the psychology invention*. New York: Harper Collins.

56) Salanova, M., Bakker, A. B., & Llorens, S. (2006). Flow at work: Evidence for an upward spiral of personal and organizational resources. *Journal of Happiness Studies, 7*(1), 1–22.

57) 탁정화 (2015). 유아교사의 교수몰입과 행복플로리시의 관계에서 회복탄력성의 조절효과. **학습자중심교과교육연구, 15**(3), 235–264.

58) Marshall, B. (2013). *Teaching the postmodern.* New York: Routledge.

59) 배주연 (2009). 초등교사의 교수몰입과 정신건강의 관계에서 교사효능감의 매개효과 검증. 인천대학교 교육대학원 석사학위논문.

60) 55)와 동일

61) Bakker, A. B. (2005). Flow among music teachers and their students: The crossover of peak experiences. *Journal of vocational behavior, 66*(1), 26–44.

62) Gunderson, J. (2003). Csikszentmihalyi's State of Flow and Effective Teaching. The Doctoral dissertation of Claremont Graduate University.

63) DuFour, R. (2004). What is a "professional learning community"?. *Educational leadership, 61*(8), 6–11.

64) Lieberman, A., & Miller, L. (2008). *Teachers in professional communities: Improving teaching and learning.* New York: Teachers College Press.

65) 52)와 동일

66) EBS 학교고백 제작팀 (2013). **스스로 가능성을 여는 아이의 발견**. 서울: 북하우스.

67) Harju, B. L., & Eppler, M. A. (1997). Achievement of motivation, flow and irrational beliefs in traditional and nontraditional college students. *Journal of Instructional Psychology, 22*(3), 147–157.

맺는 말

이 책에서는 〈놀이와 자유〉, 〈놀이와 사회성〉, 〈놀이와 창조성〉, 〈놀이와 몰입〉을 주제로 유아의 놀이가 어떠한 과정으로 개념화되었고 사회적으로 주목받았으며, 복잡하고 특수한 맥락에서 유아의 성장과 발달에 기여하고 있는가를 살펴보았다. 또한 놀이와 유아의 발달 및 학습 사이의 연결고리를 이해할 수 있는 다양한 관점을 제공하고자 노력하였으며, 유아의 놀이가 흥미롭고, 즐거우며, 유아 주도적인 맥락 안에서 학습과 연결되기 위해, 우리가 놀이의 어느 지점에서 유아와 함께 서야 하는가에 대해 깊이 생각해 보는 기회를 제공하고자 하였다.

유아교육분야의 많은 연구들은 놀이의 중요성만큼이나 놀이에서의 교사 역할을 지속적으로 강조해 왔고 그 해답을 찾기 위한 노력은 여전히 계속되고 있다. 이에 이 책을 맺으며, 앞서 놀이의 여러 개념을 탐색하며 발견하게 된 다양한 관점들을 교사 역할에 초점을 맞춰 정리해 보고자 한다.

놀이,
만화경으로 들여다보기

놀이의 본질이 무엇이고 어떠한 행동적인 특징으로 드러나는가를 규정하는 일은 놀이의 교육적 가치를 확신하는 우리들에게 무척 의미 있고 필요한 과정이다. 그러나 유아의 놀이는 매우 복잡하며, 놀이를 정의하고 이해하는 것은 여전히 쉽지 않은 일이다. 특히 유아의 자유놀이를 '교육'이라는 장(場) 안에서 들여다보는 일은 더욱 그러하다.

앞선 장에서 논의한 바와 같이 놀이는 몇몇의 특징만으로 개념화하기 어렵다. 따라서 많은 학자들은 "놀이와 놀이가 아닌 무엇"과의 비교를 통해 놀이를 정의해왔다.[1] 인류 문화의 기원을 놀이에서 찾고자 했던 하위징아(Johan Huizinga) 역시 놀이와 다른 활동을 구분할 수 있는 특징을 규정지으며 놀이에 대한 인문학적 외연을 넓히고 연구의 방향을 제시하였으나 정작 놀이에 대한 구체적인 정의를 제공하지는 않았다.[2] 여기에서 우리는, 놀이에 대한 일관된 정의가 놀이를 바라보는 우리에게 명확한 지침과 심리적인 편안함을 줄 수 있을지 모르나 자칫 학문적 전문성에 매몰되어 유아의 놀이를 한정하는 우를 범하게 할지도 모른다는 것을 상기해야 한다. 오히려 놀이는 상황에 따라 다르게 인식되고 적용되어 왔으며, 놀이를 바라보는 전형적인 관점은 시대와 사회적 흐름에 따라 진화할 수 있음을 수용하는 자세가 필요해 보인다. 뿐만 아니라 비록 유아의 놀이가 내재적 · 외현적 특징들로부터 정의된다 할지라도 정의된 범위를 벗어나는 어떠한 놀이 행동이 불가피하게 나타날 수 있음을 인식해야 할 것이다.

마찬가지로 놀이를 규정하는 특징에 근거하여, 유아의 어떠한 활동들이 진정한 유아 놀이로 명명된다 할지라도 그러한 판단이 단지 성인의 관점에서만 이루어지는 것은 곤란한 일이다. 경험의 질은 참여자의 관점에 따라 다를 수 있으며 매우 주관적이기 때문이다.

만 5세 푸른반 유아의 재미있는 놀이에 대한 인터뷰

예인: 오늘 인형 찾기 탐정놀이를 했을 때, 제일 재밌었어요. 선생님이 '곰 인형을 잃어버렸어요.' 동화를 읽어주셨거든요. 동화에서처럼 한 사람은 도둑이 돼서 인형을 숨기고, 한 사람은 탐정이 돼서 인형을 찾는 놀이예요. 내가 탐정일 때 '지지' 인형을 찾았어요, 희원이가 수수께끼를 냈고, 선생님한테 내일 또 하고 싶다고 말했어요.

위의 사례에서 예인이는 교사가 안내한 인형 찾기 탐정놀이에 흥미를 갖고 즐겁게 참여했으며 일과 중 가장 재미있는 놀이로 기억하고 있다. 교육 환경에서 놀이는 종종 유아가 시작한 활동으로 간주되고 있으나 교사에 의해 안내된 놀이 상황에서도 유아들은 충분히 흥미를 느끼고 놀이에 몰입하며 문제를 해결하는 다양한 방법을 학습하게 된다. 놀이를 판단하는 기준은 '누가 시작하였는가?'보다 '참여자가 그것을 어떻게 느끼는가?'에 따라 결정되어야 한다.[3] 그리고 유아가 놀이를 어떻게 경험하는지는 유아의 목소리에 귀 기울이지 않고 명확하게 판단할 수 없음을 잊지 말아야 한다.

놀이의 복잡성만큼이나 유아의 놀이를 지원하는 교사의 역할 역시 복잡할 수 있다. 교사는 개별적인 놀이 상황에 적합한 역할을 개발해야 하고, 유아의 발달에 적절한 방법으로 놀이를 지원해야 한다. 따라서 유아교육의 주체들은 놀이가 유아에게 주는 의미와 유아의 발달 및 학습과의 관련성을 파악할 수 있는 통찰력을 갖춰야 한다. 비록 우리가 특정한 가치와 신념에 의해 교사의 역할에 대해 다른 관점을 취한다 할지라도 유아의 놀이를 들여다보고 이를 통찰력 있게 분석하며 최선의 역할을 수행하기 위해 노력해야 할 것이다.

언급한 바와 같이, 교사에 의해 계획되고, 시작되며, 구조화된 놀이 또한 유아에게 새로운 학습의 기회를 제공할 수 있다. 교사는 놀이를 통해 유아들이 사전 지식과 새로운 지식을 연결하도록 도울 수 있다. 그러나 무엇보다도 유아의 흥미가 유지되는 가운데 배움의 길로 확장될 수 있는 놀이를 계획하고, 유아의 개별적인 특성을 고려하여 상호작용하며 반응할 때 비로소 유아에게 놀이로 인식될 수 있음을 기억해야 할 것이다.

놀이로 유아와 함께하기

이제부터는 유아교육현장의 교사들이 다양한 놀이 상황에서 유아와 함께하며 어떠한 방법으로 놀이를 지원하고 확장해왔는지 되짚어 보고, 재고(再考)해야 할 부분들을 정리해 보고자 한다.

놀이 환경 조성하기

유아의 놀이를 지원하기 위한 교사의 역할 중 가장 우선적으로 이루어지는 것은 놀이 환경을 조성하는 것이다. 일반적으로 우리는 '흥미영역'을 중심으로 놀이 환경을 조성해 왔으나 이러한 행위의 본질은 '흥미영역'이라고 명명된 공간 안에서 유아가 흥미에 따라 놀이를 선택하고 자율적으로 행동하며 또래들과 소통할 수 있는 놀이의 장(場)을 마련해 주고자 한 것임을 상기할 필요가 있다. 유아들이 심리적으로 안정감을 느끼고 사회적으로 소속되었다고 인식할 수 있는 맥락을 만들어야 한다는 것이다. 그곳에서 유아들은 안정감을 느끼고 다른 사람과 함께하는 감각을 키우며, 적극적으로 탐구하고 놀 수 있는 자율성을 개발하게 된다.

물리적 환경은 예기치 않은 위험으로부터 안전하도록 구성되어야 하지만, 유아가 발달단계에 적절한 범위 내에서 위험을 감수하면서 도전할 수 있는 기회를 제공해야 한다. 유아의 놀이 환경에는 교실 안과 밖이 모두 포함된다. 아래 사례의 교사는 유아의 발달수준과 개별 유아의 흥미, 능력을 파악하고 이에 기초하여 자료와 자원을 선택함으로써 유아의 놀이를 확장해 주었다. 유아는 빨래놀이를 통해 사회적 기술과 개념적인 이해를 넓힐 수 있었다.

만 4세 우주반 교사의 저널

'세탁소' 현장체험학습을 가기 전 빨래를 세탁기로 빠는 것과 손으로 빠는 것이 어떻게 다른지 이야기 나누어 보았다. 세탁기가 돌아가는 모습은 많이 보았지만 엄마가 직접 빨래하는 모습을 보았다는 유아는 많지 않았다. 엄마가 빨래하는 모습을 흉내 내 보고 무엇을 상상하며 표현해 보았는지 이야기 나누었다. 유아들은 자신들도 직접 빨래를 해보고 싶다고 하였고, 바깥놀이 시간에 여벌 옷 빨래놀이를 전개하였다. 처음에는 물이 튈까 조심하던 유아들이 신발과 양말도 벗고 "허리가 아파요, 팔이 아파요, 다리도 아파요."라고 하면서도 신나게 빨래를 주물렀다. 빨래를 널고 교실로 들어온 후 빨래를 어떻게 빨았는지 그 과정을 회상하며, 빨래하는 순서와 옷이 세탁되는 원리를 이야기 나누었다.

놀이 관찰하기

관찰은 교사에게 유아의 세계를 이해하기 위한 중요한 도구로 인식되어 왔다. 교사는 관찰을 통해 유아의 역량을 파악하고, 학습자로서 유아를 존중할 수 있게 되며, 유아의 발달과 학습을 지원하게 된다. 뿐만 아니라 유아의 흥미, 놀이의 지속성, 놀이 패턴과 또래와의 관계를 확인하고 또래로부터 배제될 위험에 있는 유아를 파악하여 지원하게 된다. 유아의 정서적 상태에 대한 통찰력은 비언어적 의사소통 과정인 몸짓, 침묵, 표정 등을 관찰함으로써 얻어질 수 있고, 의사소통과 언어능력 또한 관찰을 통해 확인할 수 있다.

교사는 종종 유아의 놀이를 관찰하며 '유아의 입장'에서 놀이가 어떻게 진행되고 있는지 확인할 필요가 있다. 이를 통해 교사는 유아들이 자신의 학습을 어떻게 구성하고 도전 과제를 설정하는지 파악하게 되며, 유아가 다른 또래나 교사를 놀이참여자로 이끌기 위해 어떠한 놀이 단서를 사용하는지 발견하게 된다. 교사는 관찰의 결과를 토대로 유아의 삶과 놀이에 대한 통찰력을 키우기 위해 노력해야 하며, 이를 통해 놀이 계획과 놀이참여자로서의 역할을 보다 의미 있게 수행해나가야 한다.

교사는 때때로 유아가 놀이 행동을 반복하고 연습할 시간을 제공해야 한다. 교사는 유아가 복잡하게 놀이할 수 있는 시간을 제공하고 놀이가 언제, 어떻게 끝나는지 관찰해야 한다. 놀이의 반복이 더 복잡한 재료와 아이디어의 활용으로 심화되고 더 높은 수준의 학습으로 연결될 수 있다는 것을 이해한다면, 교사는 유아의 반복적인 놀이 행동을 더 이상 염려하지 않을 것이고, 다른 학습 경험을 제공하기 위해 유아의 놀이를 중단하지 않을 것이다.

아래의 사례에서 교사는 유아의 놀이를 관찰하고 자신의 역할에 대해 숙고하는 시간을 갖는다. 교사는 유아의 반응을 관찰하여 흥미를 파악하고 향후 유아의 놀이를 지원하기 위해 무엇에 주의해야 하는지를 확인하는 반성적 사고의 과정을 거쳤다. 교사들은 매일의 일과 중에 이와 같은 상황에 직면하며 매 순간 최선의 역할을 찾기 위해 노력하고 있다.

만 3세 통합교육활동에 대한 교사의 반성적 저널

우리 반 유아들이 평소 점토놀이를 좋아해서 종이점토도 잘 만질 거라고 생각했는데 아니었나 보다. 점토를 손에 묻히기 싫어하는 종우가 활동에 참여하기를 거부했고 따로 준비해두었던 도구(역할놀이용 숟가락, 뒤집개, 비닐장갑 등)를 활용하는 시간도 길지 않았다. 유아들이 새로운 것에 적응하는 데 다소 시간이 걸릴 수 있다는 것을 알고 있지만 놀이가 진행되지 않아 안타까웠다. 이후에는 유아들의 관심이나 흥미, 특성을 좀 더 면밀히 관찰해서 유아들이 적극적으로 참여할 수 있는 활동을 계획해야겠다. 유아들의 요구에 보다 세심하게 귀 기울이며 함께 해결하고자 노력하는 모습을 보인다면 유아들도 나의 제안에 반응하고 조금씩 마음을 열지 않을까 하는 생각을 해본다.

놀이로 함께하기

다양한 교육적 신념과 교육적 관행으로 인해 유아교육현장의 교사들은 언제, 어떻게 유아의 놀이에 참여해야 하는지에 대해 갈등해왔다. 교사들은 유아가 놀이를 통해 성장하고 발전할 수 있는 발판을 제공해야 하므로, 유아의 놀이를 방해하거나 좌절시키거나 중단시키지 않기 위해 개입의 시점을 고민해야 한다. 교사들은 종종 유아의 개념적 이해를 발전시키려는 노력과 함께 주로 거리를 두고 지켜보는 관찰자로서의 역할을 유지하려고 한다. 특히 놀이를 유아가 스스로 선택한 자원을 이용하여 놀이에 몰입할 시간과 공간을 제공하는 '자유선택' 활동으로 이해하는 관점에서는 교사의 의도가 유아의 놀이를 방해할 수 있다고 판단한다.[4] 비록 교사가 지원하는 놀이가 잠재적으로 가치가 있다 할지라도 유아가 탐색하고 실험하고 창조할 수 있는 놀이의 기회를 빼앗을 수 있다고 판단하는 것이다. 그러나 이와 같은 관점은 유아의 놀이와 학습을 지원하는 교사의 역할을 평가절하하는 측면이 있다.

아래 사례의 만 3세 유아들은 자발적이고 주도적으로 놀이를 만들어 즐겁게 참여하고 있다. 별님반 교사는 유아들이 재미를 느끼며 즐겁게 놀이를 만들어가는 맥락에서 적절한 개입의 방법을 고민하였다. 교사는 유아들에게 안전하게 놀이할 것을 상기시켰고 유아들은 안전하게 놀이를 지속할 수 있는 방법을 찾아내고 합의함으로써 놀이를 계속할 수 있었다. 유아들은 즐거워 보였고 기차놀이가 진행되는 동안 교사는 어떠한 방법으로든 다시 한 번 유아의 놀이를 지원해야 할지도 모른다.

만 3세 별님반의 바깥놀이 사례

성하는 미끄럼틀을 내려와 미끄럼틀 끝에 잠시 앉아 있다. 순서를 기다리던 수지는 미끄럼틀을 내려와 성하 뒤에 앉는다. 성하와 수지는 서로의 몸이 부딪치는 것이 재미있다. 그 뒤로도 예진이가 미끄럼틀을 내려와 성하와 수지 뒤로 연이어 앉았다. 이를 지켜보던 유아들은 "와, 기차다." 하고 외쳤고, 유아들은 "재밌다. 기차놀이 또 하자."며 다시 계단으로 올라가 미끄럼틀에서 줄줄이 내려와 앞 친구와 몸을 부딪치며 앉았다. 미끄럼틀 기차놀이를 지켜보던 다른 유아들도 달려와 함께 하였고 5~6명의 유아가 미끄럼틀 기차놀이에 참여하였다. 이를 지켜보던 교사는 놀이를 중단시키고 미끄럼틀에서의 놀이규칙을 강조해야 할지, 유아들의 놀이가 진행되도록 해야 할지 고민하였다. 교사는 유아들에게 "재미있는 기차놀이네, 그런데 선생님은 앞사람과 부딪쳐서 다칠까봐 걱정되는데." 하고 말하였다. 수지는 "발을 벌려서 살짝 부딪치면 돼요."라고 이야기했고 다른 유아들도 이에 동의했다. 결국 유아들은 미끄럼틀에서의 새로운 규칙을 만들고 지키며 기차놀이를 지속하였다.

여전히 많은 연구자들은[5][6] 유아가 시작한 놀이와 교사가 시작한 놀이의 균형이 유지되어야 한다고 권고하고 있으며, 교사는 유연한 교수, 학습의 전략과 안내된 상호작용을 통해 유아의 학습을 촉진하고 지원해야 한다고 주장한다. 놀이를 안내하고 풍성하게 하는 교사의 역할, 즉 '놀이를 통한 가르침'은 '놀이를 통한 학습'과 함께 유아의 놀이 안에서 고려되어야 한다.[7]

아래의 사례에서 별님반 교사는 스스로 놀이참여자가 되어 놀이를 안내하고 유아에게 놀이에 대한 동기를 부여하였다. 유아들은 교사와 함께 놀이에 참여하며 상상력을 발휘하여 놀이를 더욱 확장해나갔고 짧은 순간 놀이의 주도권은 교사에게서 유아로 전환되었다.

만 3세 별님반의 자유선택활동 사례

자동차 프로젝트를 진행하며, 주유소와 세차장에 대해 알아보았다. 교사는 자유선택활동 시간에 주유소와 세차장 놀이를 친구들과 함께 해 보자고 제안하였다. 자유선택활동 시간에 유아들은 장난감 자동차를 바닥에 굴리며 각자 혼자놀이를 하고 있었다. 한 유아가 블록을 길게 연결해 호스처럼 만들어서 교사에게 보여주자, 교사는 "이거 꼭 세차장에 물 나오는 호스 같다."라고 이야기하고 긴 의자에 앉으며, "선생님은 운전사예요. 차가 더러워졌네, 세차장에 왔어요. 세차 좀 해 주세요." 하고 이야기했다. 유아는 블록으로 만든 호스를 들고 물을 뿌리는 흉내를 냈다. 그 모습을 보던 다른 유아는 블록을 길게 연결해 가지고 와서 "주유소 호스예요. 기름을 넣으러 오세요."라고 이야기했다. 교사는 "주유소예요. 기름 넣어 주세요."라고 대화를 이어갔으며, 유아들은 긴 블록을 들고 주유를 하거나 세차를 하였다.

교사가 놀이 상황에서 유아들과 상호작용하는 정도는 상황에 따라 다를 수 있다. 어떠한 맥락에서는 교사가 개입하지 않는 것이 적절할 수 있다. 교사의 빠른 개입은 유아들이 실수를 통해 배우고 창의적으로 문제를 해결하며 사회적 갈등에 대한 해결책을 협상할 수 있는 기회를 빼앗을 수도 있다. 따라서 많은 경우, 교사는 놀이에 참여하지 않고 유아의 정서적인 상태, 지적 관심사와 사회적 기술 등을 이해하기 위해 유아의 놀이를 적극적으로 관찰하고 주목해야 한다.

아래의 사례에서 푸른반의 유아들은 오케스트라 놀이에서 발생하는 문제를 스스로 인식하고 해결방법을 찾기 위해 상호작용하였다. 교사는 유아의 놀이를 관찰하는 동안 대안을 제안하지 않았고, 유아들은 논의 끝에 모두가 합의하는 해결방법을 찾아냈다.

만 5세 푸른반의 오케스트라 놀이 사례

우현: 야, 정진호! 내가 작게 연주하라고 하는데, 왜 내 말을 안 들어줘?

예중: 말이 아니라 지휘를 해야지.

우현: 아 그래. 내가 작게 연주하라고 지휘했잖아.

진호: 여러 가지 악기를 연주하니까 지휘자를 계속 보기가 힘들잖아.

우현: 그러니까 한 가지 악기만 하면 되잖아.

진호: 연주할 사람이 두 명밖에 없으니까 재미가 없잖아.

우현: 그렇다고 너 맘대로만 하면 그건 오케스트라가 아니잖아.

진호: 알았어. 지휘하는 거 잘 보면서 할게. 근데 너도 언제까지 계속 지휘할 거야.
우리도 악기 연주하는 거 힘든데 계속 지휘하니까 언제 끝나는지 모르겠잖아.

예중: 맞아. 언제 끝나는지 알려줬으면 좋겠어.

우현: 지휘자가 어떻게 말을 하니? 아! 그럼 이렇게 하자. 여기 악보대에 모래시계를 올려놓을게. 이 모래가 다 떨

어질 때까지 연주하기로 하자. 어때?

진호: 그거 좋겠다.

다른 한편, 교사는 유아의 요구로 놀이에 참여할 수 있다. 예컨대 병원놀이에서 환자 역할을 요구받거나 쌓기놀이 영역에서 구성물을 함께 세워나갈 수도 있다. 유아들은 놀이를 확장하기 위해 교사와 함께하기를 기대하기도 하고 경우에 따라서는 교사의 지원을 거부하기도 한다.

아래의 사례에서 유아들이 교사를 놀이참여자로 이끌고 도움을 청하는 모습을 관찰할 수 있다. 교사는 유아의 놀이가 지속될 수 있도록 놀이 동료로서의 역할을 기꺼이 수행하며 놀이를 지지해주고 있다.

만 3세 별님반의 자유선택활동(역할놀이) 사례

수진: (교사 손을 잡아끌며) 선생님, 이리 와보세요.
교사: 왜?
수진: 이거 만든 거 보세요.
교사: 와 멋지다.
수진: 나랑 지호랑 둘이 만들었어요. 선생님 여기 앉아보세요.
교사: (자리에 앉아서) 엄마 밥 주세요.
수진: (웃으며) 네. 여기요.

만 3세 별님반의 자유선택활동(거미줄 만들기) 사례

(테이프를 잘라 거미줄을 만드는 중)

예은: 똑바로 해. 꽉 잡아야 해.

민주: 으쌰!

예은: 재밌지? 흐흐.

민주: 이거 지렁이잖아. 지렁이, 지렁이 젤리.

–중 략–

민주: 힘들어.

교사: 힘들어서 안 하고 싶니? 그러면 친구가 혼자 해야 하는데.

민주: (고개를 가로젓는다.)

교사: 선생님이 도와줄까?

민주: (고개를 끄덕인다.)

교사: 선생님이 어떻게 도와주면 좋겠니?

민주: 내가 자르고 싶어요. 여기 잡아주세요. 됐다! (웃으며)

놀이 상황에서 유아 간의 상호작용을 지원하는 것은 교사의 또 다른 역할 중 하나이다. 유아들은 자신의 경험을 다른 유아들과 공유할 때, 다음의 활동을 함께 계획할 때 자신의 생각을 정리하고 의사소통 기술을 발전시킬 수 있으며 타인에 대한 통찰력을 활용하게 된다. 유아들은 대화를 통해 다른 유아들이 어떻게, 왜 그렇게 행동하는지를 이해하기 시작하고, 대안적이고 더 효과적인 행동방침을 찾아나가게 된다.

아래 사례에서 교사는 확산적인 질문과 함께 능숙하게 유아들 간의 대화를 이끌어감으로써 유아들의 사고의 창을 열어주고, 배움의 폭을 넓히도록 지원하고 있다.

만 5세 푸른반의 오케스트라 놀이 상황

형욱: 휴! 선생님, 쌓기놀이 영역은 정리 안 하면 안 돼요? 힘들게 무대 꾸민 건데….

가연: 맞아요. 정리하고 또 꾸미기 너무 힘들어요.

교사: 정리하는 게 많이 힘든가 보구나. 그럼 우리 이 문제에 대해 다함께 이야기를 나눠 보자.

(정리를 멈추고 모두 카펫에 모여 앉는다.)

교사: 형욱이와 가연이가 정리시간마다 오케스트라 무대와 관객석을 정리하는 것이 힘들다는 얘기를 했는데 너희들은 어떻게 생각하니?

은지: 맞아요. 또 만들 건데 정리하면 너무 아까워요.

수미: 그런데 오케스트라 안 할 땐 다른 놀이 하고 싶은데 무대가 있으면 못하잖아. 난 하연이하고 캠핑놀이하고 싶어.

형욱: 다른 데서 하면 되잖아.

수미: 나무블록이 없는데 어떻게 해?

우현: 쌓기놀이 영역에서 가져다가 해.
수미: 오케스트라 무대 꾸며서 하나도 없어.
형욱: 그럼 너도 오케스트라 놀이만 하든지.
교사: 무대를 정성껏 꾸몄다가 정리하는 것도 힘들지만 수미 얘기처럼 다른 놀이를 하고 싶은 친구들의 마음도 이해해 줘야 할 것 같아. 좋은 방법이 없을까?
은지: 과일 프로젝트 때 미술관 했던 것처럼 소그룹영역에 오케스트라 방을 꾸며요.
형욱: 와! 그렇게 하면 좋겠다.
수미: 좋아요!

글을 맺으며

유아가 놀이를 통해 새로운 지식을 구성하고 성장하며 발달해 간다는 우리의 믿음은 하나의 신념으로 자리 잡았다. 본문을 통해 우리는 그러한 믿음을 공고히 하는 계기를 마련하고자 하였다. 또 유아의 놀이가 흥미롭고 즐거우며 유아 주도적인 맥락 안에서 배움으로 연결되도록 지원하기 위해 교사가 어떠한 입장을 취해야 하는가에 대해 다시 한 번 생각해 보았다.

놀이에 대한 다양한 견해가 공존하는 만큼 교사 역할에 대한 다소 다른 관점의 지침들이 제공되고 있으나, 명백한 것은 유아교육분야에서 놀이가 특별하게 간주되어 왔고, 놀이에 대한 관심은 지속되고 있으며, 현장에서 놀이에 대한 풍부한 해석이 이루어지고 있다는 것이다. 또 놀이를 바라보는 인식의 주체들이 서로 다른 이론적 관점에서 놀이를 해석하고 의미를 부여한다 할지라도 놀이를 유아의 삶 자체이자 자유롭고 자발적이며 즐거움을 제공하는 원천으로 인식하는 것은 공통적이며, 유아의 발달과 학습을 이끄는 의미 있는 경험으로 판단하고 있음은 재론의 여지가 없다.

우리가 유아의 놀이를 다양한 관점에서 설명하고 해석하며 새로운 담론을 만들어가는 것이 결코 불필요한 논쟁의 과정이 아님을 확신한다. 왜냐하면, 비록 지난한 과정이라 할지라도 우리의 고민은 유아의 삶의 맥락에서 놀이가 유의미하게 전개될 수 있도록 그 지경(地境)을 넓히는 단초가 될 수 있을 것이기 때문이다.

참고문헌

1) 신은수, 김명순, 신동주, 이종희, 최석란 (2002). **놀이와 유아**. 서울: 이화여자대학교 출판부.

2) 김겸섭 (2008). '놀이학'의 선구자, 호이징하와 까이와의 놀이담론 연구. **인문연구, 54**, 147–190.

3) Grieshaber, S., & McArdle, F. (2010). *Trouble with play*. Berkshire, UK: McGraw–Hill Professional Publishing.

4) Broadhead, P. (2010). Cooperative play and learning from nursery to year 1. In P. Broadhead, J. Howard, & E. Wood (Eds.), *Play and learning in the early years: From research to practice* (pp. 43–60). London, UK: Sage Ltd.

5) Sylva, K., Melhuish, E., Sammons, P., Siraj–Blatchford, I., & Taggart, B. (2004). *The Effective Provision of Pre-School Education (EPPE) project: Findings from pre-school to end of Key Stage 1*. London: Institute of Education. Retrieved 11, 8, 2018, from http://media.education.gov.uk/assets/files/pdf/e/eppe report pre school to end of key stage 1 summary.pdf

6) Bertram, T., & Pascal, C. (2002). *Early years education: An international perspective*. London: Qualifications and Curriculum Authority.

7) Hedges, H. (2000). Teaching in early childhood: Time to merge constructivist views so learning through play equals teaching through play. *Australian Journal of Early Childhood, 25*(4), 16–21.

찾아보기

| 인명 |

| 내용 |

ㄱ

ㅇ

ㅈ

ㅊ

ㅌ

ㅍ

ㅎ

저자 약력

임 수 진

덕성여자대학교와 동 대학원에서 유아교육 전공으로 학사와 석사 및 박사 학위를 받았다. 한국과학기술원의 'R-러닝지원단'에서 R-러닝 관련 연구를, 서울특별시유아교육진흥원 등에서 '유아미술교육' 관련 연구를 수행하였다. 최근 관심 분야는 '시각문화에 대한 읽기(visual literacy)와 유아교육 현장에서의 매체활용', '유아교육과정', '유아수학교육' 등이다. 현재 동신대학교 유아교육과에 부교수로 재직 중이다.

김 윤 희

유아교육 전공으로 덕성여자대학교에서 학사학위를, 이화여자대학교에서 석사학위를 받았다. 이후 Indiana University at Bloomington에서 유아교육 전공으로 박사학위를 받았다. 최근 한국산업평가관리원으로부터 지원받는 '디지털블록 시스템 개발' 연구에 참여하고 있으며, 미래교육의 방향성에 관심을 갖고 있다. '신체활동과 실행기능의 관계'와 '영유아의 수면패턴과 문제행동의 관계' 연구에도 꾸준한 관심을 갖고 있다. 현재 덕성여자대학교 유아교육과 조교수로 재직 중이다.

박 형 신

덕성여자대학교와 동 대학원에서 유아교육 전공으로 학사와 석사학위를 받았고 전남대학교 대학원에서 박사학위를 받았다. '유아음악교육'과 '국악교육' 등의 연구를 수행하였고, 최근 관심 분야는 '유아를 위한 문화예술 프로그램'과 '유아문화예술교육을 위한 교사교육' 등이다. 현재 강릉원주대학교 유아교육과에 교수로 재직 중이며, 강릉원주대학교 부설유치원의 원장을 맡고 있다.

이 승 하

중앙대학교 유아교육과를 졸업한 후, 영국의 Oxford Brookes University에서 아동발달심리로 석사(MSc), Goldsmiths College, University of London의 심리학과에서 유아기 괴롭힘(bullying)을 주제로 박사학위를 받았다. 최근 한국연구재단의 지원으로 '유아기 괴롭힘과 또래관계, 지배력'을 주제로 연구를 수행하였다. 주요 관심사는 유아기 괴롭힘(bullying), 또래관계, 유아 사회성/도덕성 교육, 유아기 괴롭힘 예방책 등으로, 이와 관련한 연구들을 진행해오고 있다. 현재 중앙대학교 유아교육과에 조교수로 재직 중이다.

장 경 은

성균관대학교에서 아동학 전공으로 학사학위를 받고, Columbia University, Teachers College와 University of Wisconsin-Madison에서 유아교육 전공으로 석사 및 박사학위를 받았다. 한부모 가정 어머니들의 양육 경험에 대한 질적 연구와 유아의 수줍음 관련 연구를 수행하였다. 최근 관심 분야는 '영유아의 스마트폰 과의존'과 '유아의 수줍음' 그리고 '유아와 아동의 행복' 등이다. 현재 경희대학교 아동가족학과에 부교수로 재직 중이다.

탁 정 화

부산대학교와 동 대학원에서 유아교육 전공으로 학사와 석사 및 박사학위를 받았다. 최근 한국연구재단의 지원으로 '그릿증진 교사교육, 유아교사 마인드셋'을 주제로 연구를 수행하고 있다. 최근 관심 분야는 '긍정심리학과 유아교육', '유아강점의 인식과 활용' 등이다. 현재 동양대학교 유아교육과에 조교수로 재직 중이다.

놀이하는 유아–호모 루덴스를 향하여

1판 1쇄 발행 2019년 5월 10일
1판 3쇄 발행 2021년 8월 10일

지 은 이 | 임수진 김윤희 박형신 이승하 장경은 탁정화
기　　획 | 한국유아교육학회
발 행 인 | 박철용
발 행 처 | 양서원
주　　소 | 경기도 파주시 직지길 522 파주출판도시
전　　화 | 031–955–8000(代)
팩　　스 | 031–955–8005
홈페이지 | www.yswpub.co.kr
이 메 일 | yswpub@chol.com
출판등록 | 1987년 11월 24일 제406–2003–037호

ISBN 978–89–994–0893–9

정가 15,000원